freytag & berndt

Wanderatlas
Wiener Hausberge
Zwischen Wienerwald und Wechsel

. . . mit touristischem Führer

verfaßt von Prof. Erwin Benesch

Aus dem Inhalt:

Kartenausschnitte 1 : 50.000 mit
farbigen Wegmarkierungen und
aktuellen Markierungsnummern

Touristischer Führer
in alphabetischer Reihenfolge

25 ausgewählte Ausflüge
für den Autofahrer

© Kartographie, Druck und Verlag
Freytag - Berndt und Artaria, Wien
07/97 3122   ISBN-3-85084-771-3

LEGENDE · LEGEND · LÉGENDE

Autobahn (in Bau)
Motorway (in construction)
Autoroute (en construction)

Straßen (Schnellstraße)
(Keine Aussage über Befahrbarkeit mit Kfz.)
Roads, Routes

Fahrweg
(Keine Aussage über Befahrbarkeit mit Kfz.)
Carriage road, Chemin carrossable

Karrenweg, Fußweg
Bridle · path, foot path
Sentier muletier, sentier

Fußweg, Steig
Foot path, trail
Sentier escarpé

Normal · Schmalspurbahn
Normal gauge · narrow gauge railway
Chemin de fer à voie normale et à voie étroite

Zahnrad · Standseilbahn
Rack railway, funicular
Chemin de fer à crémaillère, funiculaire

Seilschwebebahn
Funicular
Téléphérique

Sessellift
Chairlift
Télésiège

Schlepplift
Skilift
Remonte · pente

Materialseilbahn
Cable car for goods only
Téléphérique pour transport de matériel

Staats · Landesgrenze
State, provincial boundary
Frontière d'Etat, limite de provinces

Markierter (bezeichneter) Weg
Marked path
Chemin signalisé

Minder gut markierter (bez.) Weg
Insufficiently marked path
Chemin insuffisamment signalisé

422
Markierungsnummer
Marking number
Numero de marquage

201
Weitwanderweg
Long-distance hiking way
Promenade à grande distance

Jugendherberge, Campingplatz
Youth hostel, camping site
Auberge de jeunesse, Terrain de camping

Schutzhütte, Berggasthaus
Mountain cabin, mountain inn
Refuge, auberge de montagne

Wanderweg-Kontrollstelle
Footpath-check point
Sentier-point de contrôle

Jagdhaus
Hunting lodge
Pavillon de chasse

Kirche, Kapelle
Church, chapel
Eglise, chapelle

Bildstock, Wegkreuz
Shrine, cross
Chapelle votive, calvaire

Bildbaum
Significant tree
Arbre à ex - voto

Schloß, Ruine
Castle, ruin
Château, ruine

Denkmal, Aussichtswarte
Monument, look - out
Monument, tour d'observation

Heilbad, Quelle
Spa, spring
Station thermale, source

Steinbruch, Bergwerk
Quarry, mine
Carrière, mine

Höhle, Skisprungschanze
Cave, ski - jump
Grotte, tremplin

Mühle, Sägewerk
Mill, saw - mill
Moulin, scierie

Kraftwerk, Elektrizitätswerk
Power plant, power station
Usine de force motrice, centrale électrique

Höhenpunkte
Altimetric points
Points culminants

Auto · Personenfähre
Car ferry, passenger ferry
Bac pour automobiles, bac pour voyageurs

Schiffanlegeplatz, Autobushaltestelle
Landing stage, Bus - stop
Débarcadère, Arret d' autobus

Flughafen, Flugplatz
Airport, airfield
Aéroport, aérodrome

Schutzhütten und Berggasthäuser sind mit einem ⭕ bezeichnet. Es wird empfohlen, den jeweiligen Zustand bzw. die Bewirtschaftung im Tale zu erfragen.
Die Wegmarkierungen unserer Wanderkarten werden unter Mitwirkung Alpiner Vereine laufend und sorgfältig fortgeführt, doch übernimmt der Verlag für unbedingte Richtigkeit keine Gewähr. Berichtigungshinweise werden mit Dank entgegengenommen.

Mountain cabins and inns are indicated with a ⭕ It is recommended to ask in the valley about their actual condition and whether inhabited before visiting them.
The track markings of our hiking maps are carefully kept up to date in co - operation with various alpine clubs. However, our editors cannot give guarantee for absolute reliability. Hints for corrections will be appreciated.

Des cabanes et des auberges dans les montagnes sont marquées par ⭕ Messieurs les voyageurs sont priés de bien vouloir demander dans la vallée des renseignements sur l'état actuel et/ou sur la mise en usage desdites localités.
Nous continuons à noter couramment et consciencieusement les marquages des chemins sur nos cartes touristiques moyennant la coopération des clubs alpins; cependant la Maison editrice ne prend pas la responsabilité de la justesse absolue y relative. Des renseignements éventuels de correction seront acceptés avec gratitude.

1 : 50 000 (1cm ≙ 500m)

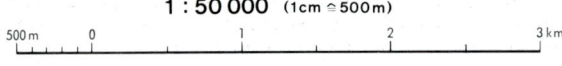

Höhenlinienabstand 50m

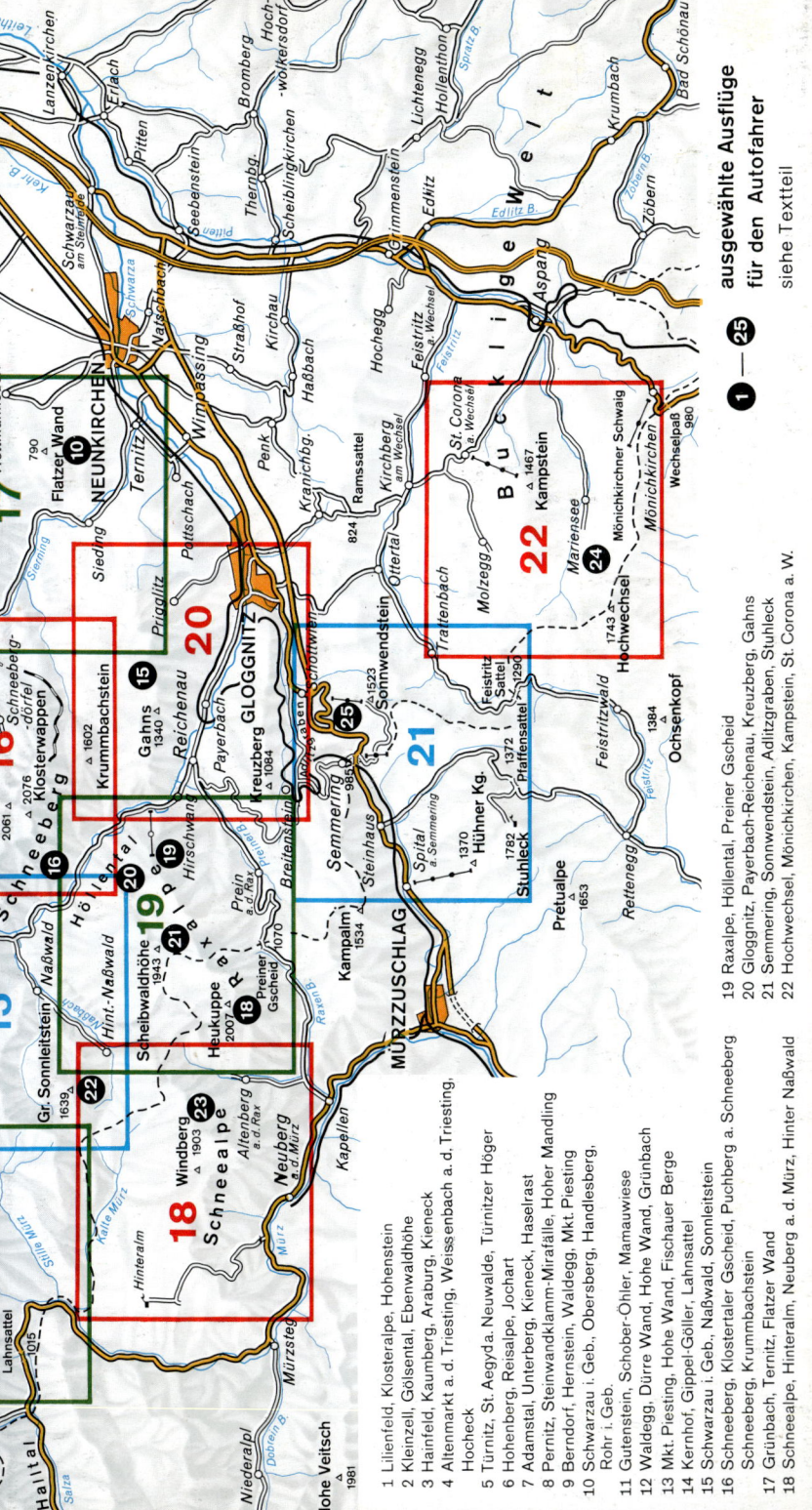

ausgewählte Ausflüge für den Autofahrer
siehe Textteil

① — ㉕

1 Lilienfeld, Klosteralpe, Hohenstein
2 Kleinzell, Gölsental, Ebenwaldhöhe
3 Hainfeld, Kaumberg, Araburg, Kieneck
4 Altenmarkt a. d. Triesting, Weissenbach a. d. Triesting, Hocheck
5 Türnitz, St. Aegyd a. Neuwalde, Turnitzer Höger
6 Hohenberg, Reisalpe, Jochart
7 Adamstal, Unterberg, Kieneck, Haselrast
8 Pernitz, Steinwandklamm-Mirafälle, Hoher Mandling
9 Berndorf, Hernstein, Waldegg, Mkt. Piesting
10 Schwarzau i. Geb., Obersberg, Handlesberg, Rohr i. Geb.
11 Gutenstein, Schober-Ohler, Mamauwiese
12 Waldegg, Dürre Wand, Hohe Wand, Grünbach
13 Mkt. Piesting, Hohe Wand, Fischauer Berge
14 Kernhof, Gippel-Göller, Lahnsattel
15 Schwarzau i. Geb., Naßwald, Sonnleitstein
16 Schneeberg, Klostertaler Gscheid, Puchberg a. Schneeberg, Krummbachstein
17 Grünbach, Ternitz, Flatzer Wand
18 Schneealpe, Hinteralm, Neuberg a. d. Mürz, Hinter Naßwald
19 Raxalpe, Höllental, Preiner Gscheid
20 Gloggnitz, Payerbach-Reichenau, Kreuzberg, Gahns
21 Semmering, Sonnwendstein, Adlitzgraben, Stuhleck
22 Hochwechsel, Mönichkirchen, Kampstein, St. Corona a. W.

Österreichische Weitwanderwege

201 801 401	NORDALPINER WEITWANDERWEG
702 902	ZENTRALALPINER WEITWANDERWEG
404	VORALPINER WEITWANDERWEG bzw. WIENERWALD-WEITWANDERWEG
206 406 606	MARIAZELLERWEGE
907	OSTÖSTERREICHISCHER GRENZLANDWEG
... A	VARIANTE DER HAUPTROUTE

Regionale Hauptwanderwege

38	LILIENFELDER RUNDWANDERWEG
W H	WECHSELBERGLAND HÖHENWEG
231	PIESTINGTALER RUNDWANDERWEGE
448	MÖDLINGER RUNDWANDERWEG
622	WALDMARKWEG
655	TRAISENTALER RUNDWANDERWEG
834	GLOGGNITZER RUNDWANDERWEG
......	GEBIRGSJÄGER GEDÄCHTNISWEG

Europäische Fernwanderwege

4	PYRENÄEN-JURA-NEUSIEDLERSEE
4 alpin	alpine Variante

NIEDERÖSTERREICHISCHER LANDESRUNDWANDERWEG (NÖLRWW)

von Weißenbach a.d. Triesting auf Weg 201 bis Berndorfer Hütte, auf Weg 201A Waldegg–Hohe Wand–Dürre Wand, Weg 201 bis Sparbacher Hütte, dann Weg 801 Hochschneeberg–Rax, dann ohne Weitwanderwegnummer–Hinternaßwald– Preintal–Preinecksattel–St. Aegyd a. Neuwalde, dann Weg 606 bis Gscheid.

STEIRISCHER LANDESRUNDWANDERWEG (STLRWW)

vom südlichen Blattrand von Bl. 22, auf Weg 907 bis Hochwechsel, dann auf Weg 902 –Feistritzsattel–Pfaffensattel, Weg 702 –Stuhleck– südlicher Blattrand von Bl. 21.

Die Markierung sagt nichts über die Schwierigkeit des Weges aus. Benützen Sie zur Planung Ihrer Tour unbedingt einschlägige Führerliteratur (z. B. Rother-Führer) und erkunden Sie im Tal bei kompetenter Stelle die Schwierigkeit der ausgewählten Route.

Marks do not indicate the paths' degree of difficulty. In any case use appropriate literature (e. g. alpine guides of Rother) for the planning of your Excursion and ask for the chosen route's degree of difficulty at a competent information office before departure.

La signalisation des sentiers n'indique pas leur degré de difficulté. Utilisez en tout cas de la littérature correspondante telle que les guides alpins de Rother afin de projeter votre excursion et renseignezvous auprès d'un bureau d'information compétent sur le degré de difficulté de la route choisie.

Lilienfeld, Klosteralpe, Hohenstein

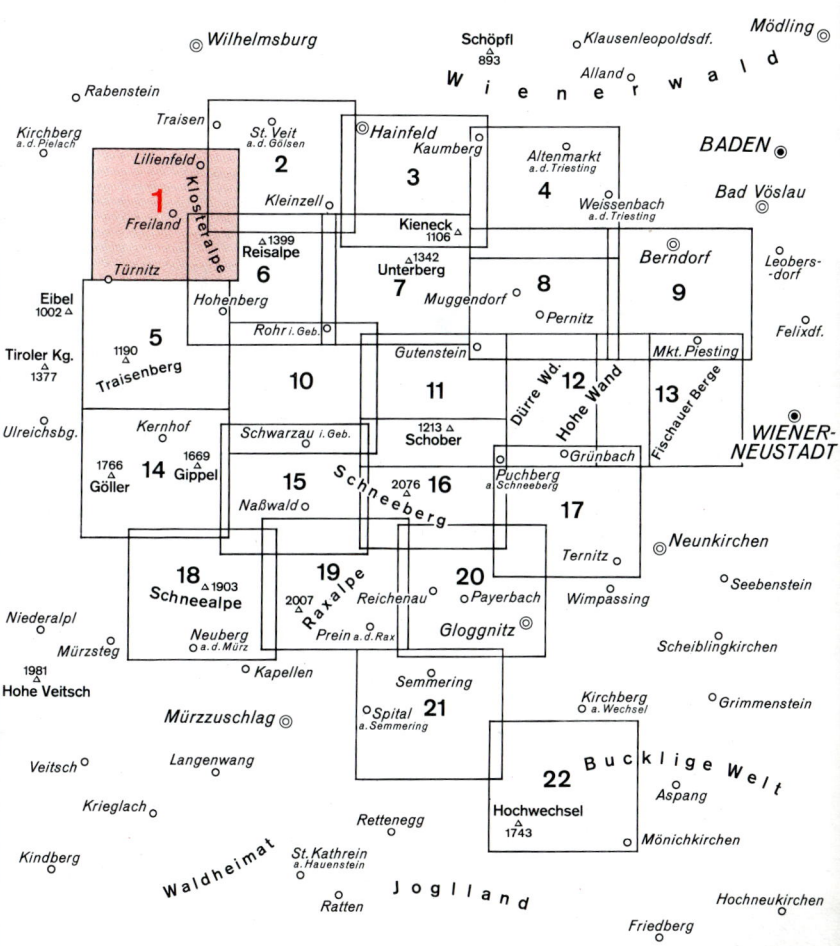

Kleinzell, Gölsental, Ebenwaldhöhe

2

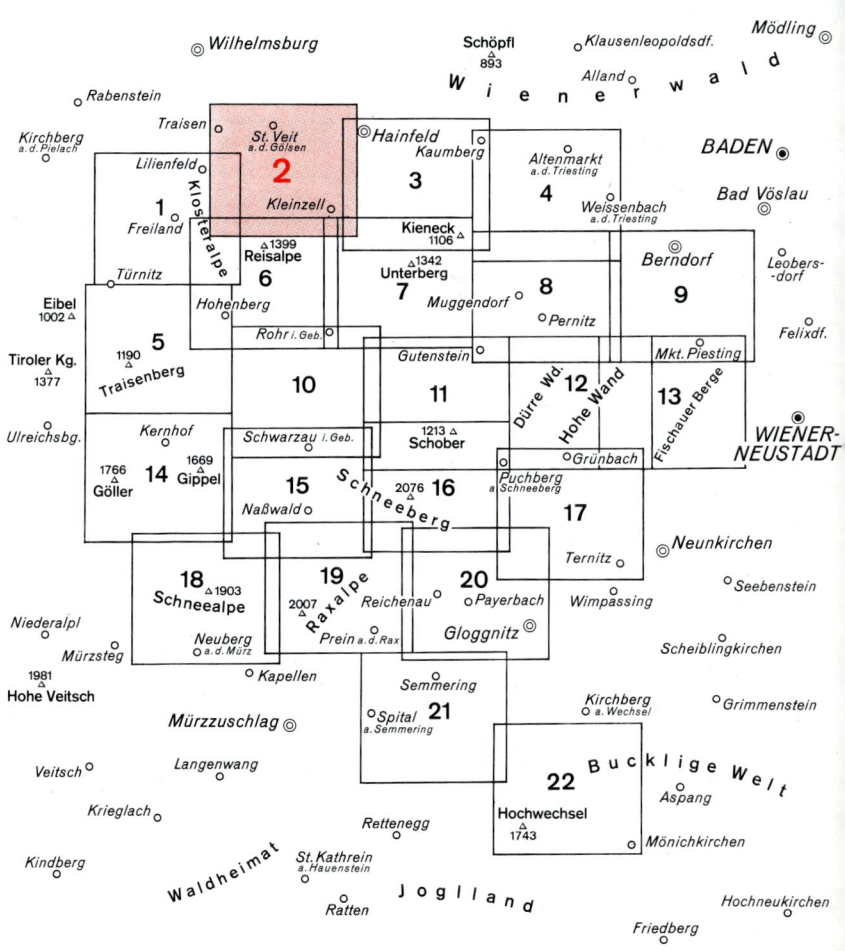

Wilhelmsburg

Schöpfl
△
893

Klausenleopoldsdf.

Mödling

Rabenstein

W i e n e r w a l d

Alland

Traisen

St. Veit
a.d. Gölsen

Hainfeld

BADEN

Kirchberg
a.d.Pielach

Lilienfeld

Kaumberg

2

3

Altenmarkt
a.d.Triesting

4

Bad Vöslau

Kleinzell

1

Freiland

Klosteralpe

Weissenbach
a.d. Triesting

Kieneck
1106 △

Türnitz

△1399
Reisalpe

6

△1342
Unterberg

7

Muggendorf

Berndorf

Leobers-
-dorf

Eibel
1002 △

Hohenberg

Pernitz

8

9

Felixdf.

Tiroler Kg.
△
1377

1190
△

5

Traisenberg

Rohr i.Geb.

Gutenstein

Dürre Wd.

Mkt. Piesting

10

11

12

Hohe Wand

13

Fischauer Berge

WIENER-
NEUSTADT

Ulreichsbg.

Kernhof

Schwarzau i.Geb.

1213 △
Schober

Grünbach

1766
△
Göller

1669
△
Gippel

14

15

Schneeberg

2076 △

16

Puchberg
a Schneeberg

17

Naßwald

18

△1903
Schneealpe

19

Raxalpe

2007

Reichenau

20

Payerbach

Ternitz

Neunkirchen

Seebenstein

Niederalpl

Wimpassing

Neuberg
a.d.Mürz

Prein a.d.Rax

Gloggnitz

Scheiblingkirchen

Mürzsteg

1981
△
Hohe Veitsch

Kapellen

Semmering

Kirchberg
a. Wechsel

Grimmenstein

Mürzzuschlag

Spital
a.Semmering

21

B u c k l i g e W e l t

Veitsch

Langenwang

22

Aspang

Krieglach

Rettenegg

Hochwechsel
△
1743

Mönichkirchen

Kindberg

W a l d h e i m a t

St.Kathrein
a.Hauenstein

J o g l l a n d

Hochneukirchen

Ratten

Friedberg

3

Hainfeld, Kaumberg, Araburg, Kieneck

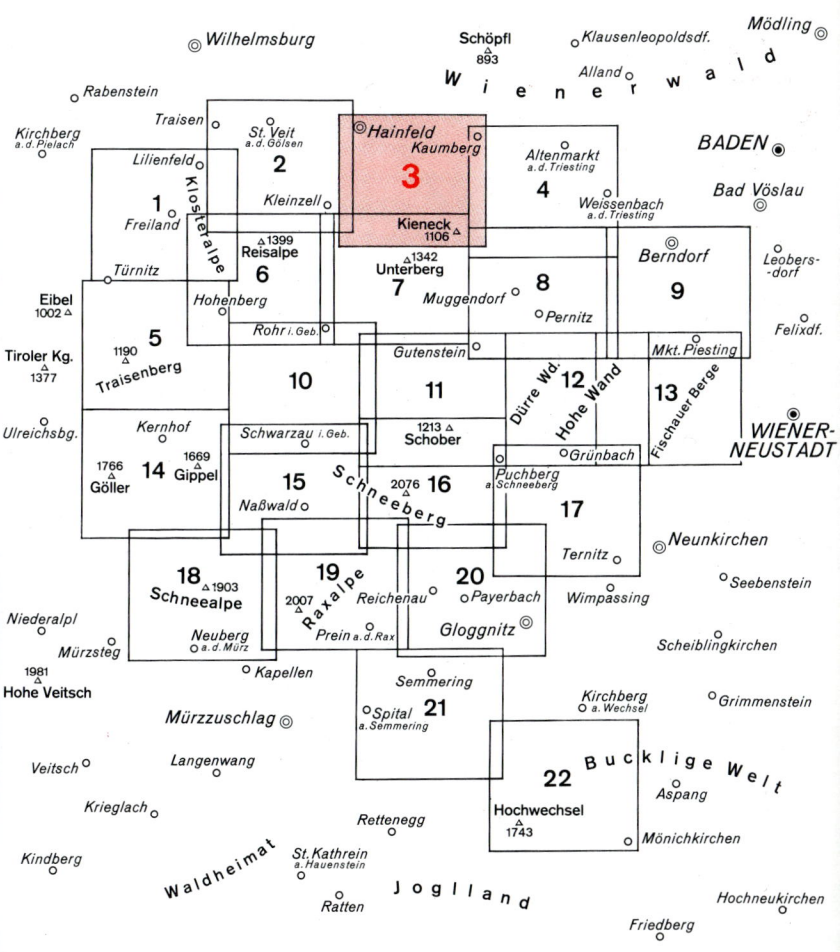

Wilhelmsburg

Schöpfl
893

Klausenleopoldsdf.

Mödling

Alland

W i e n e r w a l d

Rabenstein

Traisen

St. Veit
a. d. Gölsen

Hainfeld
Kaumberg

Altenmarkt
a. d. Triesting

BADEN

Kirchberg
a. d. Pielach

Lilienfeld

2

3

4

Bad Vöslau

1

Freiland

Kleinzell

Weissenbach
a. d. Triesting

Kieneck
1106

Berndorf

Leobers-
-dorf

Türnitz

1399
Reisalpe

6

1342
Unterberg

7

Muggendorf

Pernitz

8

9

Felixdf.

Eibel
1002

5

Hohenberg

Rohr i. Geb.

Gutenstein

Mkt. Piesting

Tiroler Kg.
1377

1190

Traisenberg

10

11

Dürre Wd.

Hohe Wand

12

Fischauer Berge

13

WIENER-
NEUSTADT

Ulreichsbg.

Kernhof

Schwarzau i. Geb.

1213
Schober

Grünbach

1766
Göller

14

1669
Gippel

15

S c h n e e b e r g

2076
16

Puchberg
a. Schneeberg

17

Naßwald

Ternitz

Neunkirchen

18
Schneealpe

1903

19

2007

R
a
x
a
l
p
e

Reichenau

20

Payerbach

Wimpassing

Seebenstein

Niederalpl

Neuberg
a. d. Mürz

Prein a. d. Rax

Gloggnitz

Scheiblingkirchen

Mürzsteg

1981
Hohe Veitsch

Kapellen

Semmering

Kirchberg
a. Wechsel

Grimmenstein

Mürzzuschlag

Spital
a. Semmering

21

B u c k l i g e   W e l t

Veitsch

Langenwang

22

Hochwechsel
1743

Aspang

Krieglach

Rettenegg

Mönichkirchen

Kindberg

W a l d h e i m a t

St. Kathrein
a. Hauenstein

J o g l l a n d

Hochneukirchen

Ratten

Friedberg

Altenmarkt a. d. Triesting,
Weissenbach a. d. Triesting, Hocheck

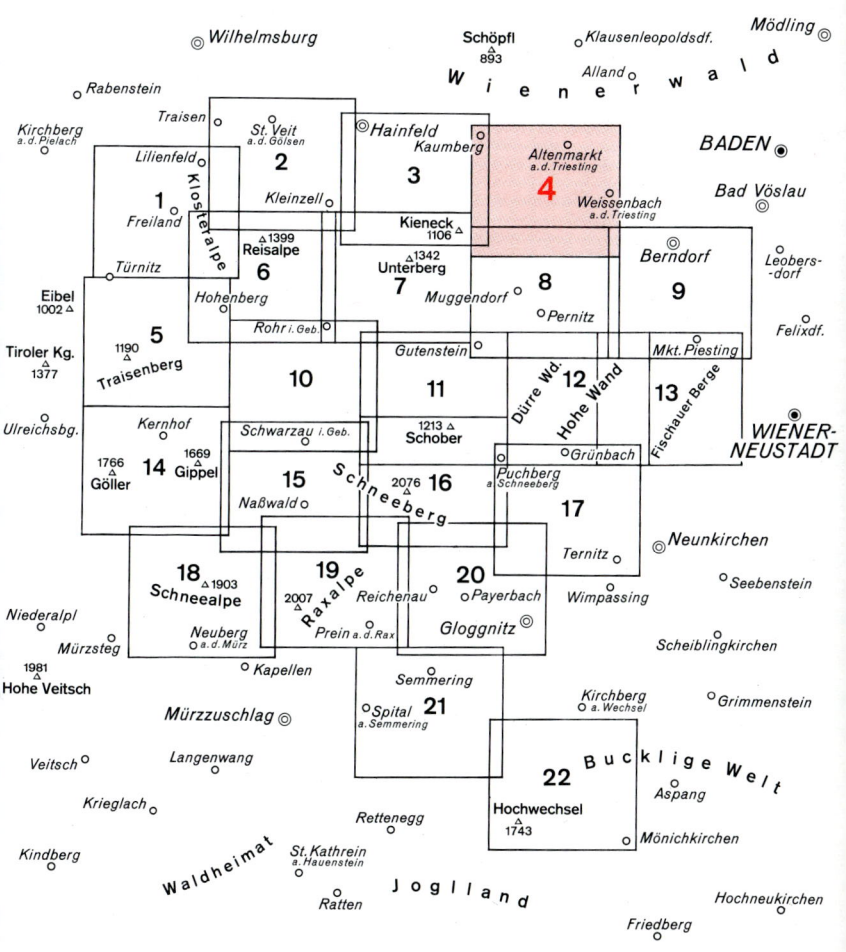

Türnitz, St. Aegyd a. Neuwalde, Türnitzer Höger

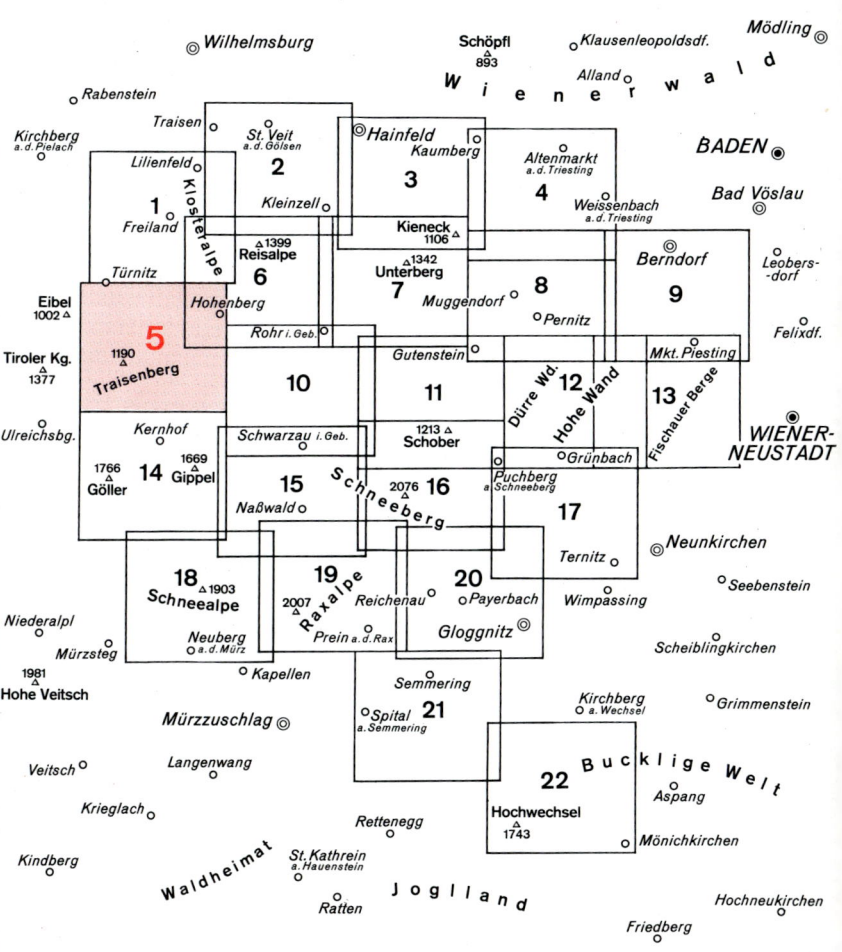

Hohenberg, Reisalpe, Jochart

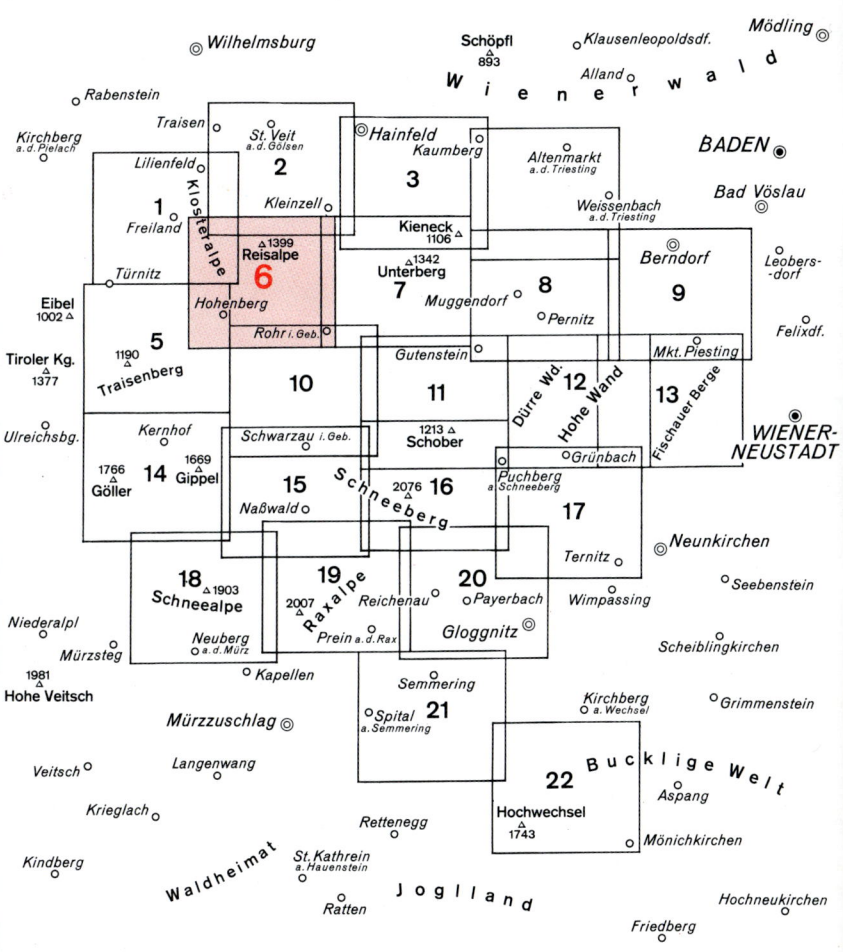

Adamstal, Unterberg, Kieneck, Haselrast

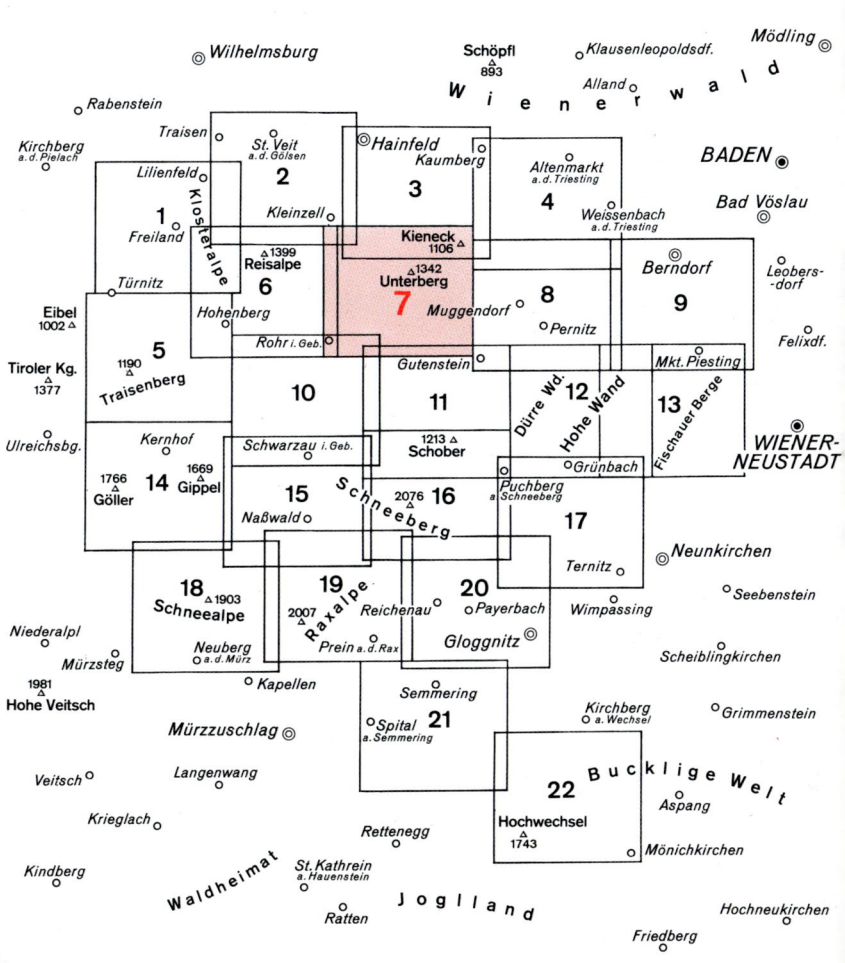

8

Pernitz, Steinwandklamm-Mirafälle,
Hoher Mandling

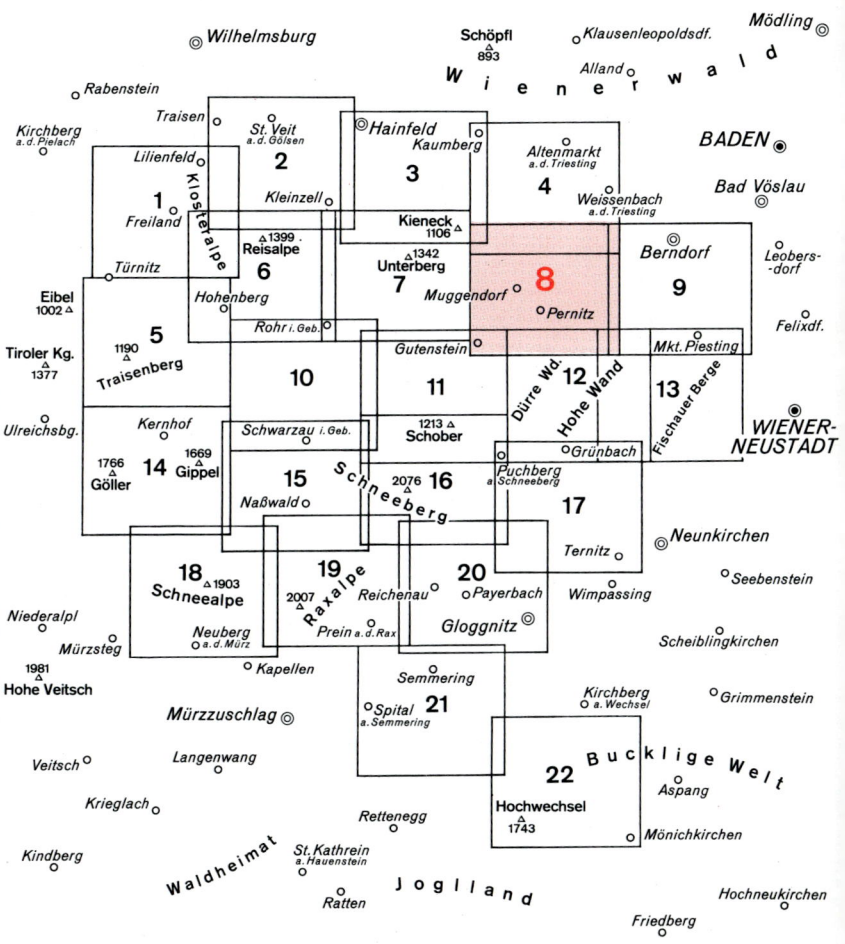

Berndorf, Hernstein, Waldegg, Mkt. Piesting

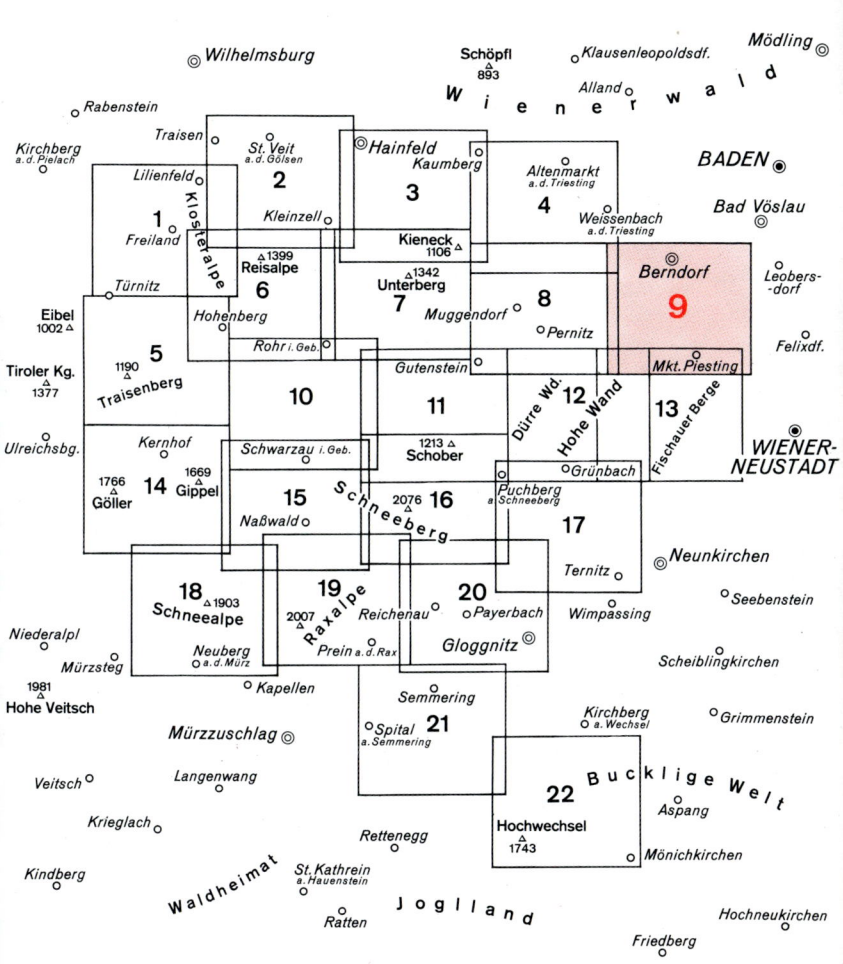

Schwarzau i. Geb., Obersberg, Handlesberg, Rohr i. Geb.

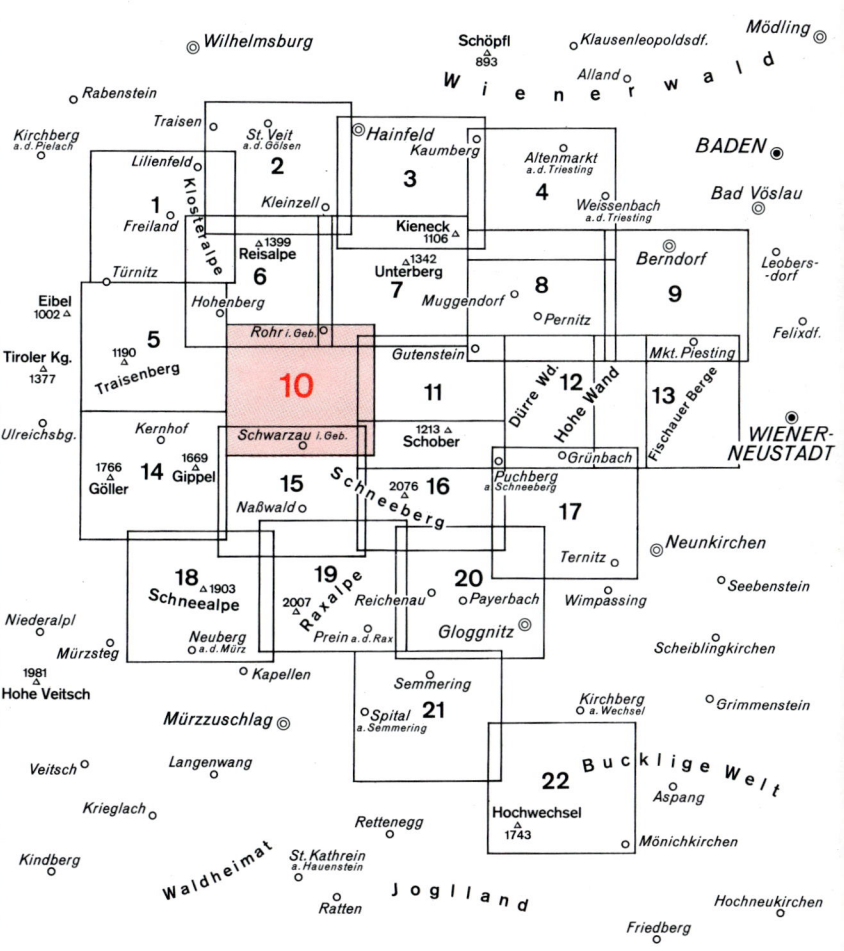

Gutenstein, Schober-Öhler, Mamauwiese

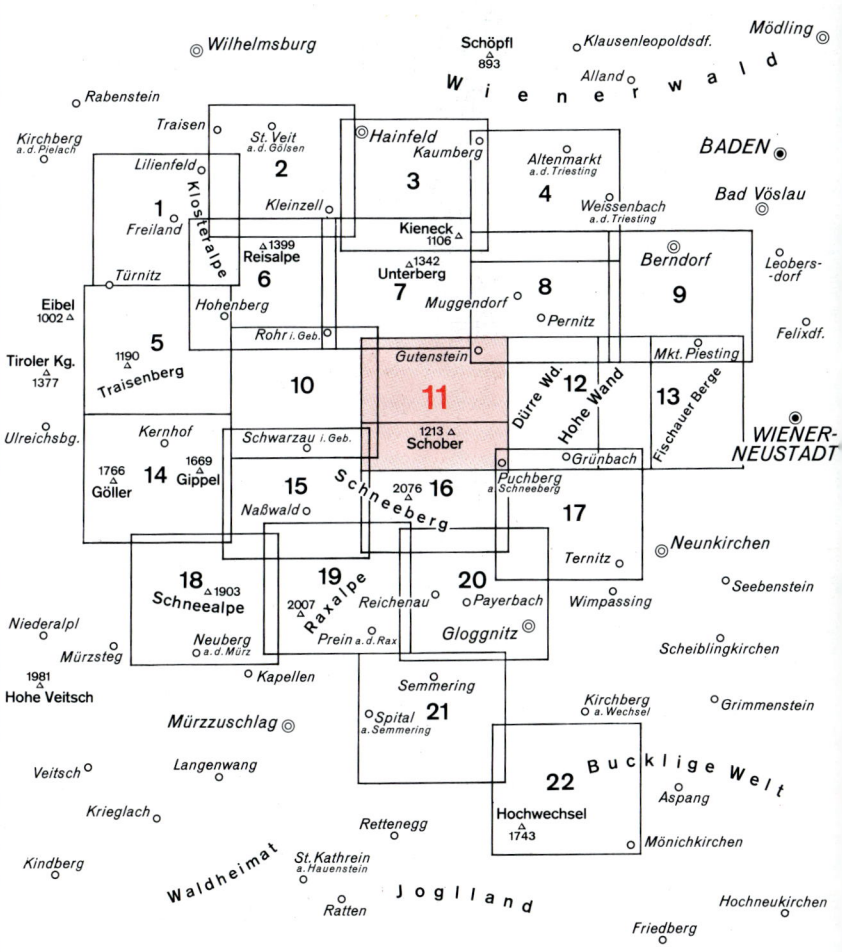

Waldegg, Dürre Wand, Hohe Wand, Grünbach a. Schneeberg

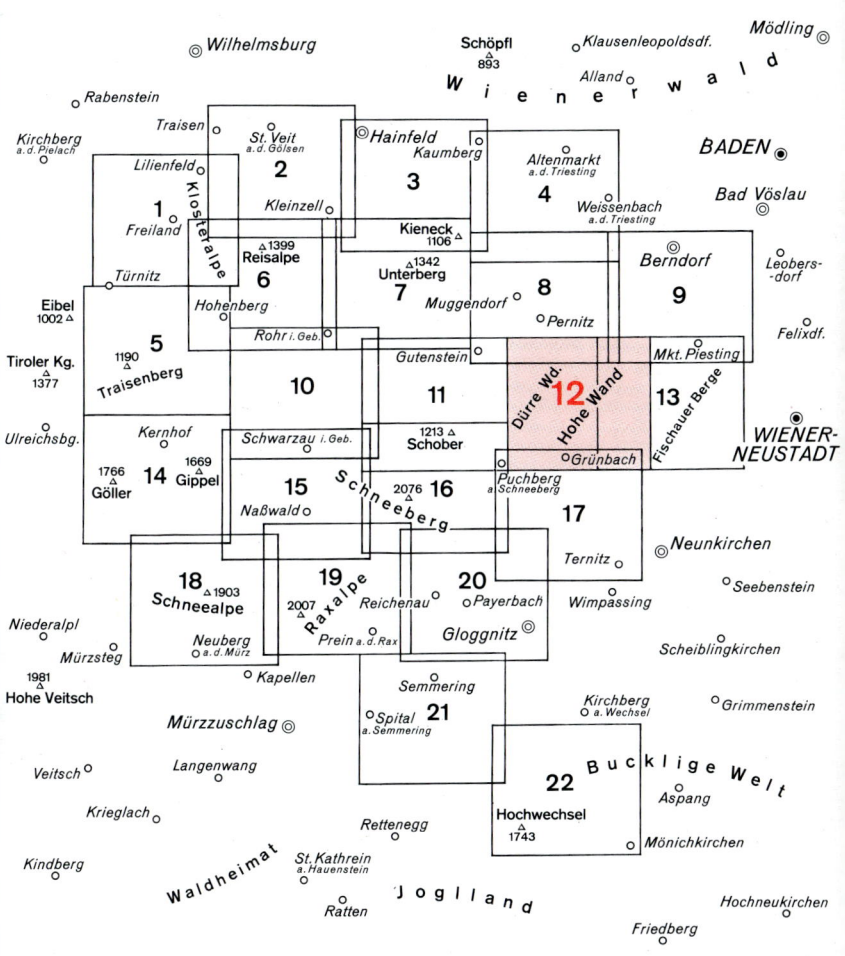

Mkt. Piesting, Hohe Wand, Fischauer Berge

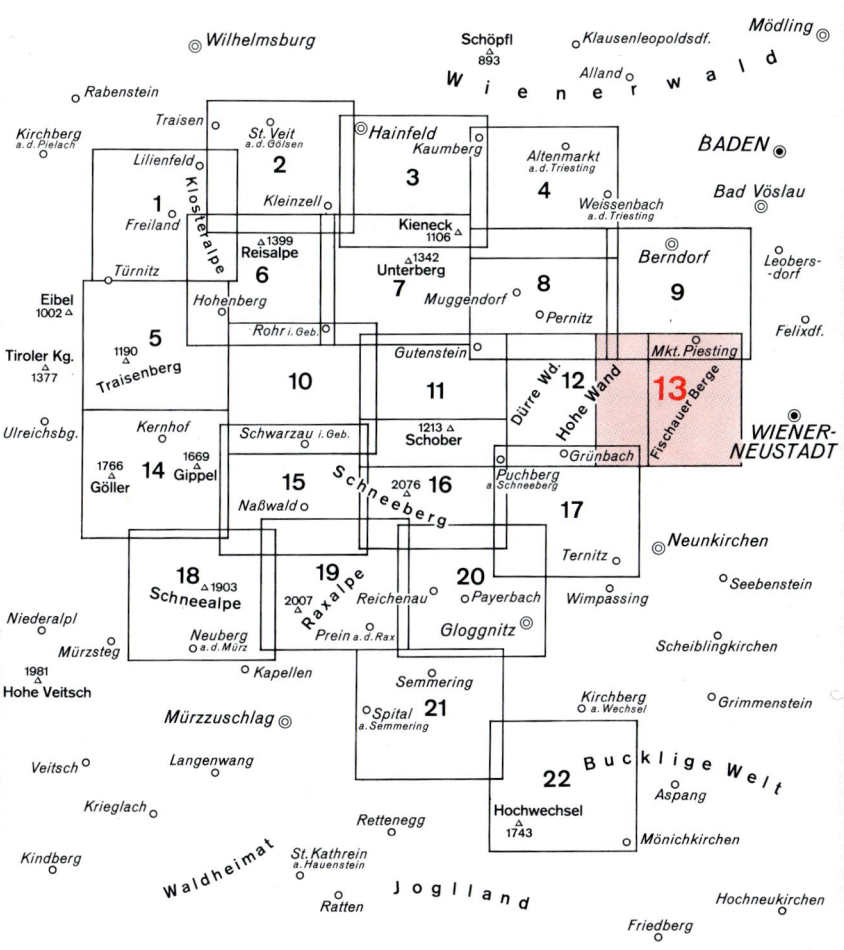

Kernhof, Gippel-Göller, Lahnsattel

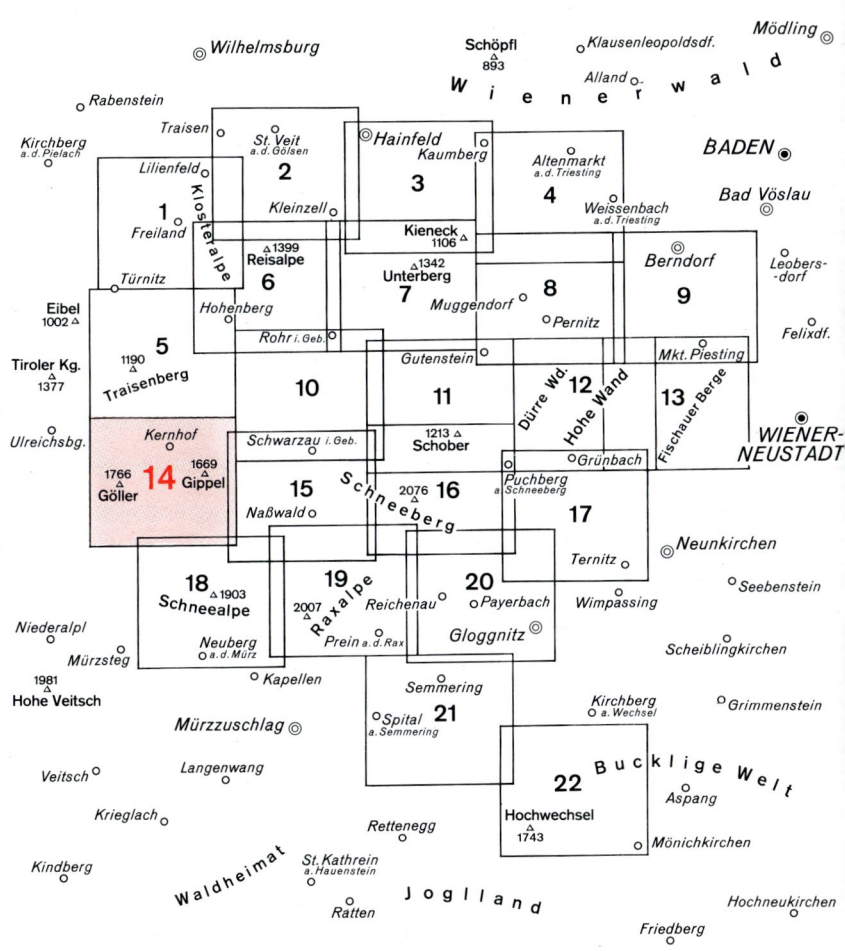

Schwarzau i. Geb., Naßwald, Sonnleitstein

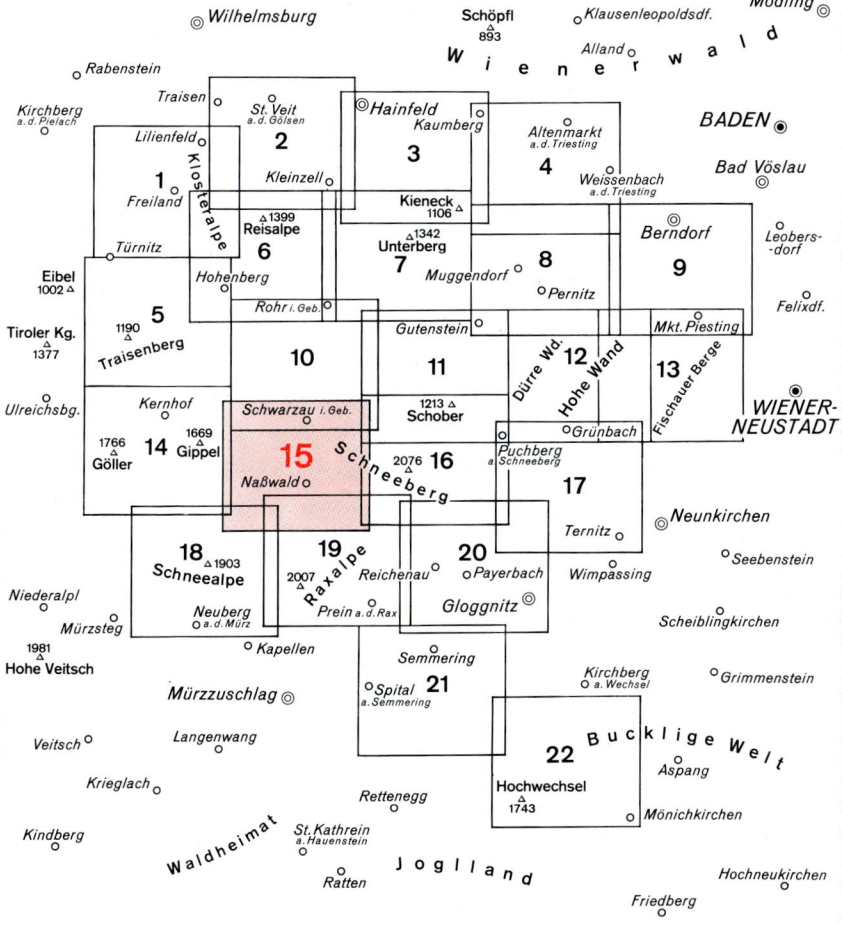

Schneeberg, Klostertaler Gscheid, Puchberg a. Schneeberg, Krummbachstein

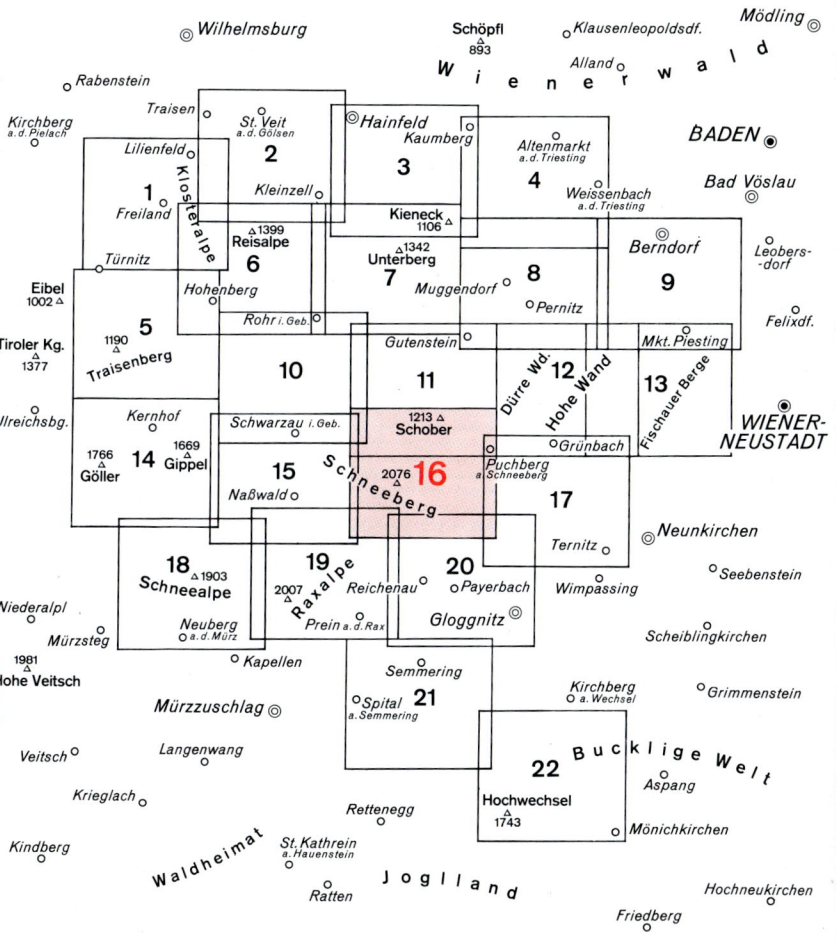

Grünbach a. Schneeberg, Ternitz, Flatzer Wand

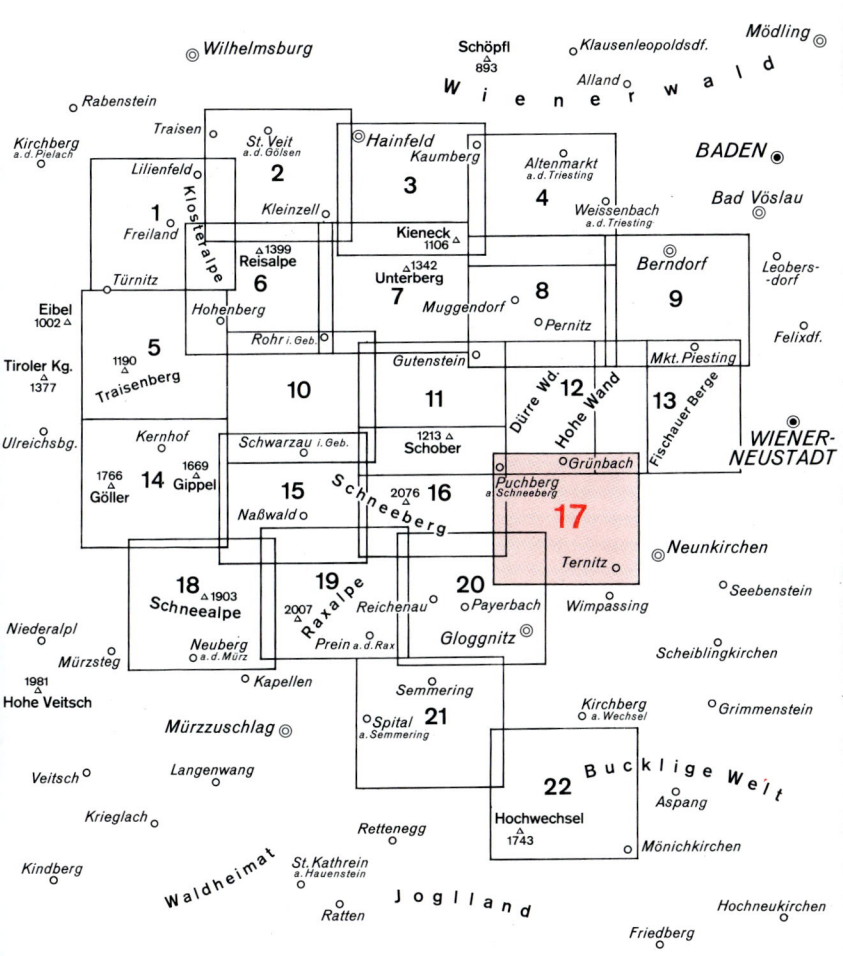

Schneealpe, Hinteralm,
Neuberg a. d. Mürz, Hinter Naßwald

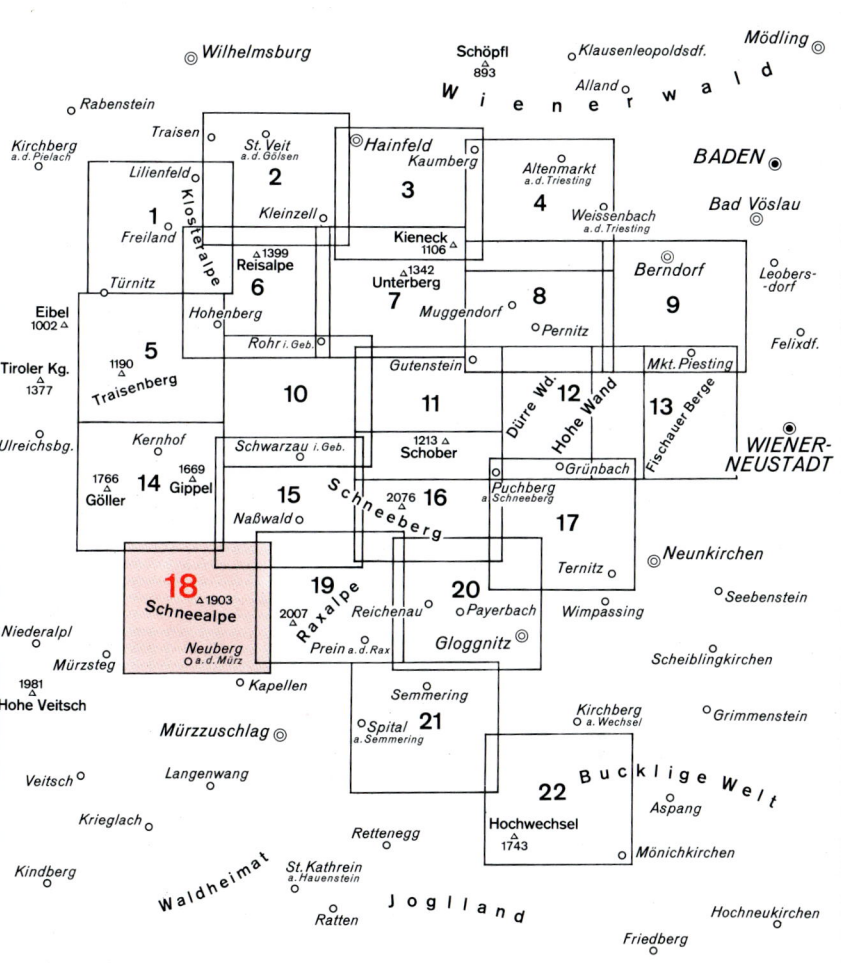

Raxalpe, Höllental, Preiner Gscheid

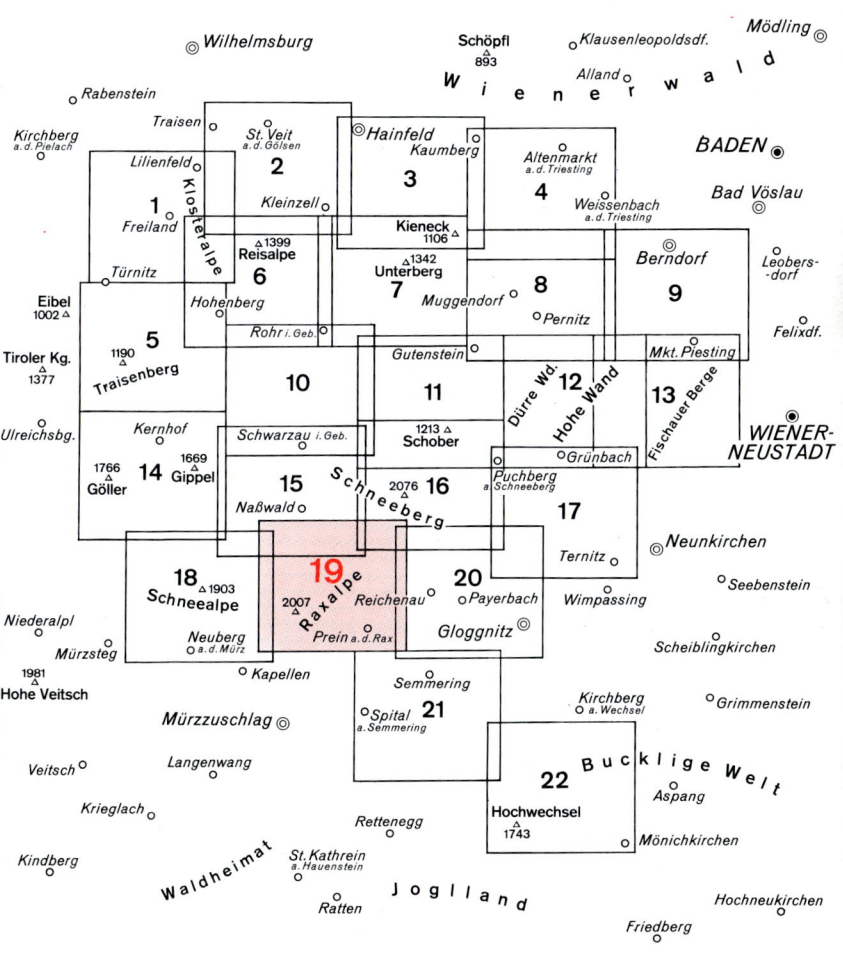

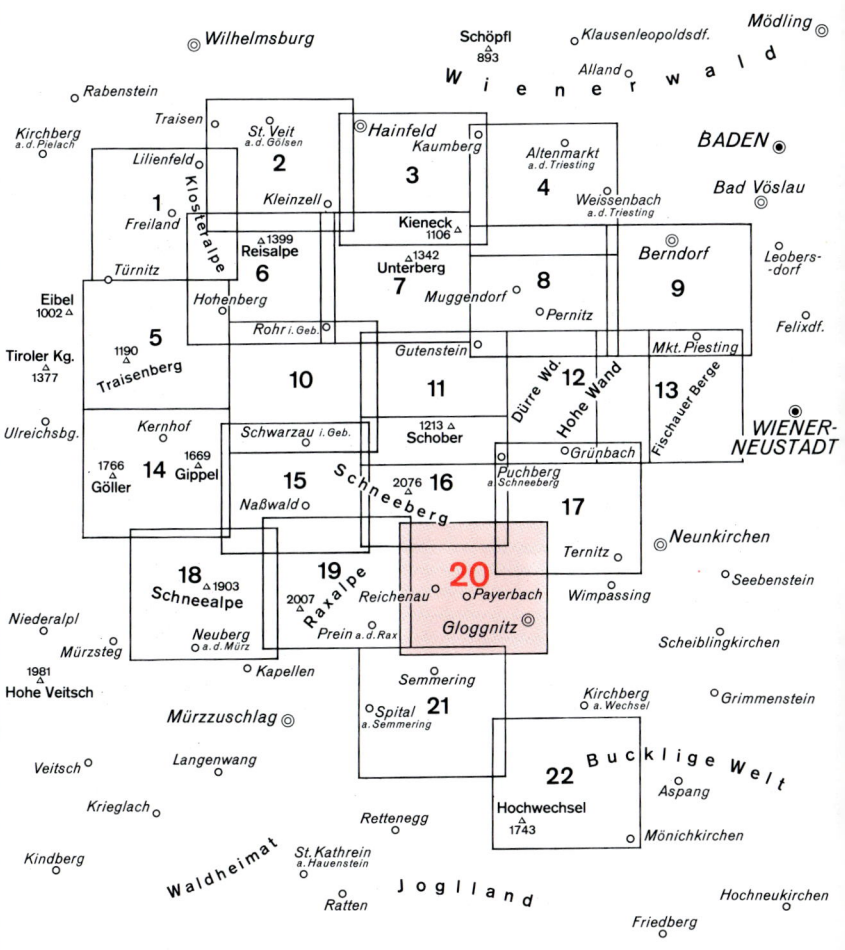

20

Gloggnitz, Payerbach-Reichenau, Kreuzberg, Gahns

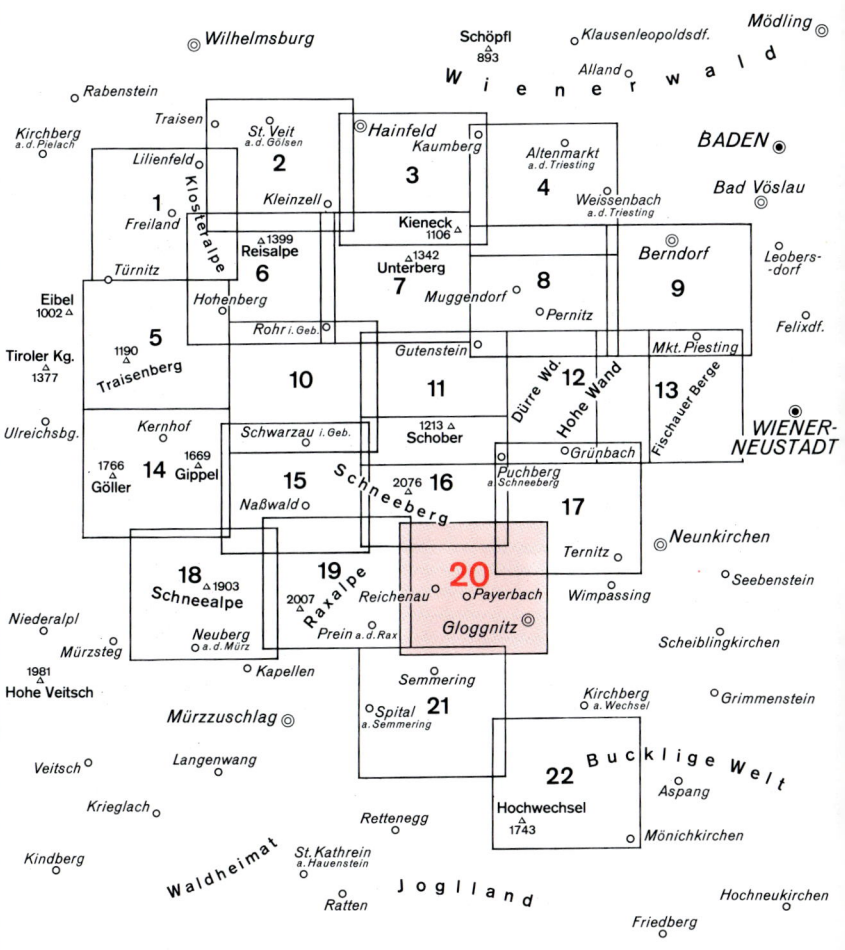

Semmering, Sonnwendstein, Adlitzgraben, Stuhleck

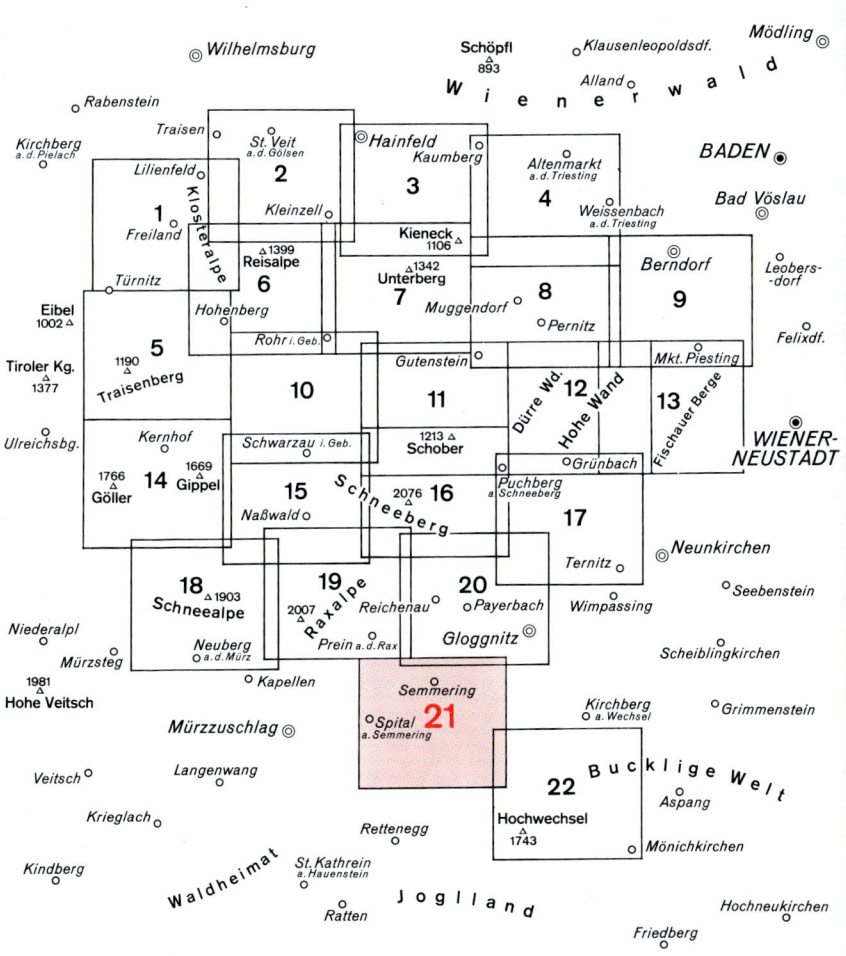

Hochwechsel, Mönichkirchen, Kampstein, St. Corona a. Wechsel

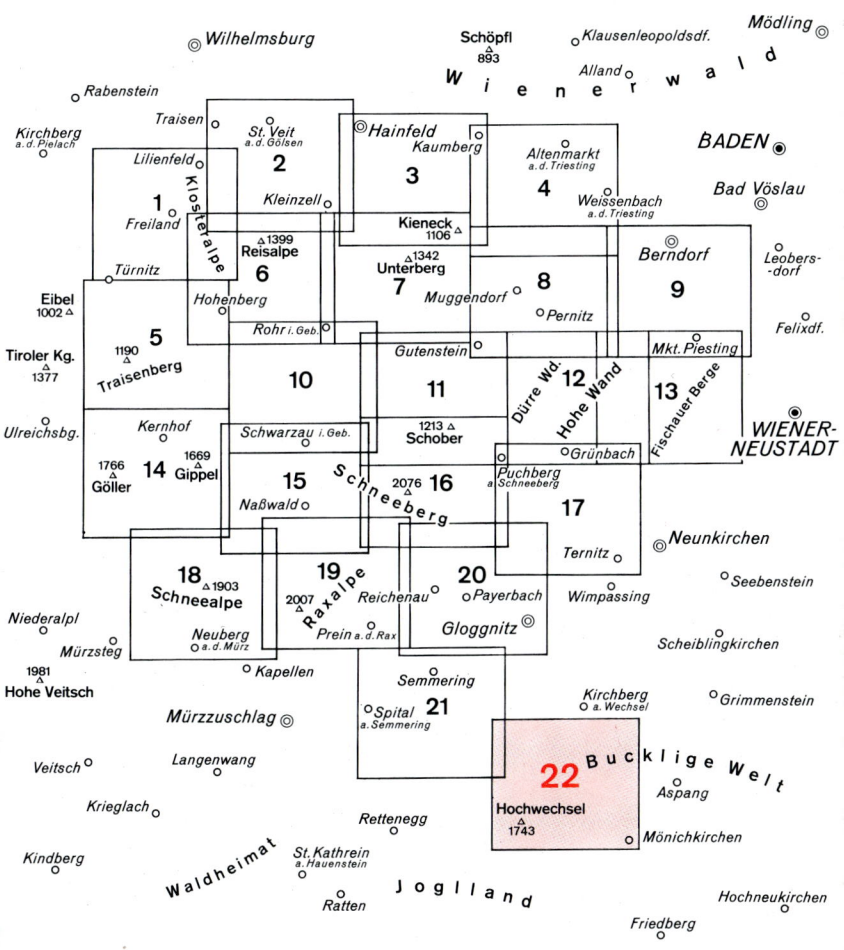

Touristischer Führer
Wiener Hausberge

Die vorliegenden Ausführungen umfassen das Gebiet vom Traisental bis zu den Fischauer Bergen und vom Triestingtal bis zum Wechsel. Im folgenden Text finden Sie, neben einer ausführlichen Einleitung mit retrospektiven Betrachtungen über die Raxalpe, den Schneeberg und die Hohe Wand, reichhaltige und wertvolle touristische Informationen über Ausflugsziele in alphabetischer Reihenfolge.

RAXALPE

Wenn man in Wien über bergsteigerische Wochenendunternehmungen spricht, deren Ziele außerhalb des Wienerwaldes liegen, so nimmt ohne Zweifel die Raxalpe – kurz Rax bezeichnet – den ersten Platz ein. Sie zählt mit dem Schneeberg und der Hohen Wand zu den beliebtesten Hausbergen der Wiener, sowohl der bescheidenen Ausflügler als auch der anspruchsvollen Wanderer, die sieben und mehr Stunden am Tag unterwegs sind. Vor allem aber werden Felsgeher, nicht zuletzt Schiläufer, immer wieder zu ihr emporsteigen, obwohl die Rax kein ausgesprochener Schiberg ist. Wer von den Naturschönheiten der Rax einmal gefangengenommen worden ist, den läßt sie aus ihrem Bann nicht mehr los.

Es ist nun bereits über hundert Jahre her, seit (1876) das erste große Schutzhaus, das Carl-Ludwig-Haus des Österreichischen Touristenklubs, erbaut wurde und seit weit mehr als einem halben Jahrhundert (9. Juni 1926) besteht die Raxseilbahn, sie war die erste Seilbahn in Österreich überhaupt, wenn man von der Kohlern- und Vigiljochbahn in Südtirol absieht. Sie führt von Hirschwang zum Gsolhirn unweit des Otto-Schutzhauses und hat in den Jahren ihres Bestandes weit mehr als zehn Millionen Fahrgästen den Anstieg über 1017 m erspart.

Und nicht zu verschweigen – vollkommen unfallsfrei. Damals folgten Proteste auf Proteste, die Bergsteiger glaubten, **ihre** Rax verloren zu haben, jede Freude am Bergstieg schien vergebens, wenn man in zehn Minuten die gleiche Höhe erreichte, zu der drei anstrengende Gehstunden erforderlich waren. Aber es dauerte nicht lange, da erkannte man, daß durch die Seilbahn wohl neue Besucher angelockt worden waren, diese sich aber zum Großteil mit der allernächsten Umgebung der Bergstation begnügten und die zu Fuß Gekommenen in keiner Weise störten. Und von der Möglichkeit, nach einem zünftigen Anstieg mühelos und rasch wieder ins Tal zu kommen, wird nicht allzu selten Gebrauch gemacht.

Wollte man dieses Jahrhundert in Epochen der Geschichte der Rax aufspalten, bilden die zwei Weltkriege die naturgegebenen Zäsuren. Die Erschließung durch die großen Alpinisten im 19. Jahrhundert, aber auch noch bis 1910, die Massenbewegung unmittelbar nach 1920, die jedoch nach 1930 stark abflaute, wobei Not und Arbeitslosigkeit zumindest Mitursache waren, dann die triste Zeit während des Zweiten Weltkrieges, in der Ausflüge fast unterbunden gewesen sind.

Nur langsam erholte sich die Touristik von den Folgen des Zweiten Weltkrieges. Es gab fast keine Züge, besonders zum Wochenende, PKW waren eine Rarität, es fehlte an der Ausrüstung und auch am bescheidensten Proviant. Erst um 1950 entsann man sich wieder der Wiener Hausberge, doch hatte die Begeisterung nicht mehr das Ausmaß erreicht wie in den zwanziger Jahren. Vielleicht eher noch für schwierige Felstouren, für die sich die Jugend auch heute lieber entschließt, als für genußvolle, sogenannte leichte Anstiege, die unter Umständen aber gerade auf der Rax oft alpines Können und Schwindelfreiheit erfordern.

Immerhin verlassen an Samstagen und Sonntagen in Payerbach-Reichenau auch gegenwärtig noch 200 bis 300 Touristen den sogenannten Wiener Frühsportzug, und die drei Bundesbusse, mit denen man entlegene Ausgangspositionen erreicht, genügen oft nicht. Freilich kommt die größere Anzahl mit eigenem PKW, aber trotzdem sind die Schutzhütten auch an Samstagen selten überbelegt, während es einst buchstäblich ein Wettrennen gab, um zumindest ein gutes Matratzenlager zu erhaschen. Vielen Touristen stehen für Raxtouren jetzt zu den Wochenenden zwei freie Tage und mehr zur Verfügung; will man eine Nächtigung vermeiden, ist es mit dem eigenen Wagen, aber auch dank der ausgezeichneten Verbindungen mit Bahn und Post möglich, fast alle Steige als Tagesunternehmen zu begehen, wenn man im allgemeinen auf eine Überschreitung der Hochfläche verzichtet. Schließlich kann man sich für den Rückweg die Mühe sparen und der Seilbahn anvertrauen, was vielfach auch Zünftige tun.

Nach dieser an Reminiszenzen eher zu reichen Einbegleitung sollen nun vor den praktischen Hinweisen einige geographische Bemerkungen folgen. Im Gegensatz zum Schneeberg weist die Rax eine ausgedehnte Hochfläche von fast 25 qkm auf. Der Gebirgsstock der Rax kann nicht unmittelbar umfahren werden, da der Übergang aus dem Reißtal ins Altenbergtal – die Grenze zur Schneealpe – nur zu Fuß auf schmalem (aber ungefährlichem) Serpentinensteig möglich ist. Während man bis 1970 zu den Felswänden ober dem Reißtal (den Kahlmäuern) mit dem Auto nahe herankam, ist dieses (dort der seinerzeitige Binderwirt) nun aus Quellschutzgründen gesperrt, und für den gewöhnlichen Anstiegsweg zum Habsburghaus muß man zusätzlich eine zirka 3 Kilometer lange Straßenbegehung in Kauf nehmen.

Von den Felswänden, die der Raxalpe ihre Schönheit und Bedeutung verleihen, sind die Klobenwand und Loswand beiderseits des Großen Höllentales, die Blechmauern, die Preiner Wand und die Raxenmäuer unter der Heukuppe mit 2007 m, die höchste Erhebung und als besondere Kuriosität, inmitten der Hochfläche, die Lechnermauern zu nennen. Diese Wand ober dem Gaislochgraben war von Albin Roessel erst 1919 das erste Mal durchstiegen worden.

Die bequemen Zugänge auf die Hochfläche der Raxalpe nehmen ihren Ausgang am 1070 m hohen Preiner Gscheid der Grenze Niederösterreich/Steiermark, da man dorthin mit dem Pkw und den Bussen gelangen kann und bei der Abfahrt von Wien-Südbahnhof knapp vor 7 Uhr früh schon wenig nach 9 Uhr eintrifft (im Sommer an Sonn- und Feiertagen auch Postauto ab Wien Mitte direkt), so daß acht volle Stunden für Touren zur Verfügung stehen, ja Tüchtige sogar die Hochfläche überschreiten könnten. Ein Großteil der Wege nimmt allerdings in Prein seinen Anfang, was einen Mehranstieg von 390 m erfordert. Weitaus bedeutender, in erster Linie für Felsgeher, auch schwieriger Routen, ist das Große Höllental, ein Seitenast des von der Schwarza durchbrausten Höllentales. Dort beginnen auch die beliebten, gut versicherten „Klettersteige", der Alpenvereinssteig, die Teufelsbadstube, der Gaislochsteig, dann der zum Teil sehr ausgesetzte und nun wieder instandgesetzte Franz-Hoyos-Steig und die fast unzählbaren unversicherten Routen samt ihren Varianten. Wem dies alles zu schwierig oder zu gefährlich ist, (sowohl die Begehungen der Teufelsbadstube als auch des Alpenvereinssteiges und erst recht des Franz-Hoyos-Steiges setzen vollständige Schwindelfreiheit voraus), der steigt auf dem aussichtsreichen Wachthüttelkamm (aber auch Drahtseile und am Berghang in Erdnähe befestigte Leitern) zur Hochfläche empor, die sich ober der Loswand ausbreitet.

In den letzten Jahren haben sich die alpinen Vereine bemüht, versicherte Steige, die in ganz schlechtem Zustand waren, instandzusetzen, so den Bismarcksteig, der unter dem Predigtstuhl verläuft, den Gustav-Jahn-Steig der vom Gaislochboden zur Höhe führt und den Wachthüttelkammsteig. (Siehe Ausflugsziele).

Damit ist ein Teil jener Steige genannt, über die der ständige Raxbesucher stets Bescheid weiß und für die freilich der wirkliche Felsgeher, schon wegen der angebrachten Versicherungen, nur ein maliziöses Lächeln übrig hat, während Wanderer und Jochbummler stolz sind, sie bezwungen und doch immerhin einen Beweis eines gewissen Maßes an Schwindelfreiheit erbracht zu haben. Die Namen der markantesten Steige und die „ganz leichten" sind in den touristischen Informationen über Ausflugsziele erwähnt. Obwohl dort auch die wichtigsten Schutzhütten zu finden sind, sollen diesbezüglich einige Angaben nicht fehlen.

Ebenso wie das schon erwähnte Carl-Ludwig-Haus ist auch das Waxriegelhaus der „Naturfreunde" von der Preiner Seite, also vom Dorf Prein oder vom Preiner Gscheid am raschesten erreichbar. Das Otto-Schutzhaus, das ohne Zweifel auch vor der Erbauung der Raxseilbahn meist genannte und durch seinen langjährigen Pächter Camillo Kronich vielleicht berühmteste, 1893 vom Alpenverein erbaut, ist das gegen Reichenau zu am weitesten vorgeschobene und von Hirschwang und Edlach auf dem Törlweg (in gewissem Sinn das Gegenstück zum Schlangenweg, der zum Carl-Ludwig-Haus führt) erreichbar, doch braucht man an die 3½ Gehstunden hinauf, da die Höhendifferenz fast 1200 m beträgt. Durch die Seilbahn (nur 40 Minuten von der Bergstation) ist das Otto-Schutzhaus das meistbesuchte auf der Rax.

Wesentlich umständlicher ist heute der direkte Zugang zum Habsburghaus, das um die Jahrhundertwende erbaut wurde. Man muß das 12 km lange, allerdings an Naturschönheiten reiche Höllental und das 8 km lange Naßwaldtal bis Hinternaßwald durchfahren, anschließend noch 3 km die ehemalige Fahrstraße begehen, um nach 3¼ Stunden diese Schutzhütte, seinerzeit vom Österreichischen Gebirgsverein erstellt, heute Eigentum der gleichnamigen AV-Sektion, zu erreichen, woraus resultiert, daß die Route Preiner Gscheid-Carl-Ludwig-Haus-Habsburghaus auch nicht länger ist.

Für Wanderer zeichnen sich folgende Übergänge ab:

1. Vom Preiner Gscheid in 2¼ Std. zum Carl-Ludwig-Haus, weiter zum Habsburghaus 1¼ Std., Abstieg ins Reißtal 2½ Std., talaus noch 3 km (Postauto zum Wochenende ab Hinternaßwald).

2. Vom Preiner Gscheid in 1 Std. zum Naturfreundehaus am Waxriegel, dann auf dem (leichten) aussichtsreichen Gratweg, dem Waxriegelsteig, zur Hochfläche 1½ Std., weiter zum Otto-Schutzhaus 2 Std. und Abstieg nach Hirschwang 2½ Std. bzw. zur Seilbahn ½ Std.

3. Anstieg (oder Seilbahn) zum Otto-Haus 3½ Std. (bzw. 40 Minuten), dann den Ostteil der Hochfläche der Rax queren zum Standort der ehemaligen Speckbacherhütte 1½ Std. und auf dem Wachthüttelkammsteig ins Höllental zum Weichtalhaus 2–2½ Std. Zur Bahnstation Payerbach-Reichenau Postauto 13 km.

Ein Wort noch über die Ausübung des Schilaufes auf der Rax und dazu eine für viele Anfänger betrübliche Feststellung: es gibt keine leichte Abfahrt von irgendeinem Punkt der Hochfläche ins Tal. An schönen Sonntagen im Winter hat die Raxbahn natürlich Hochbetrieb, viele holen sich die erste Bräune, aber auch die wenigen Abfahrten sind gut frequentiert. An erster Stelle ist die durch den Großen Kesselgraben zu nennen, die vom Klobentörl 7 km lang ist und 1100 m Höhe überwindet. Nach Eröffnung der Raxbahn schuf Camillo Kronich die Schöller-Abfahrt, die von der Bergstation über das Gsolhirn zum Knappenhof führt, die aber schon technisch schwieriger ist, und schließlich die Staudengrabenabfahrt, weitaus die schwierigste, vom Otto-Schutzhaus zur Hochstegbrücke zwischen Kaiserbrunn und dem Weichtalhaus.

Schwere Stürme am 6. und 7. Jänner 1976 hatten weite Flächen der herrlichen Forste zerstört; die durch die Windbrüche hervorgerufenen Schäden wurden erst Jahre später beseitigt.

Ein kurzer geologischer Hinweis: die Triaskalke der Raxalpe sind größtenteils dem Wettersteinkalk, aber auch dem Dachsteinkalk, was das Alter betrifft, gleichzustellen. Zur Eiszeit trug das Plateau der Raxalpe einen Hochflächengletscher; eine Gletscherzunge senkte sich durch das Große Höllental bis zur Schwarza ab.

SCHNEEBERG UND GAHNS

In der Reihe der Wiener Hausberge ist der Schneeberg der zweite markante Gebirgsstock, mit dem besonders die Wiener sehr verbunden sind. Sein Name ist vielleicht um so populärer, als man seine beiden höchsten Gipfel, das 2076 m hohe Klosterwappen – die höchste Erhebung Niederösterreichs – und den nur 15 m niedrigeren Kaiserstein, von vielen Punkten Wiens und auch von zahlreichen Kuppen des Wienerwaldes erkennt. Das gewaltige Massiv zeigt sich besonders im Frühjahr bis in den Mai hinein recht gegensatzreich, da sich die im Schnee glitzernden Kare zur Umgebung kontrastreich abheben.

Schon Adalbert Stifter hat bei seiner Betrachtung der Landschaft von der Turmstube St. Stephan, als er seinen Blick nach Süden wendete und den Schneeberg erkannte, geschrieben: „Dort steht ein Berg, scheinbar nahe, mit bleigrauem Lichte auf dem Schnee, den sein Rücken hie und da trägt".

Besonders großartig hebt sich der Hochschneeberg von der ihm vorgelagerten Hohen Wand ab, vor allem vom Geländ, aber auch von der Raxalpe, die von ihm ja nur durch das enge Höllental getrennt ist. Von der Brandschneide, der Seilbahnbergstation und von der Kaiserbrunnaussicht ist dieses Panorama einmalig, beträgt die Luftlinienentfernung zum Klosterwappen doch nicht einmal sechs Kilometer. Aber auch aus dem Puchberger Tal, bereits vom Sattel ober Grünbach, sind es die mächtigen Abstürze mit den breiten Karen der bis Juni schneegefüllten Breiten Ries und der Krummen Ries, die durch den nur wenig ansteigenden Talboden faszinieren.

Nun in gröbsten Zügen eine geographische Darstellung: Als Hochschneeberg bezeichnet man den Hauptstock mit dem Klosterwappen, dem Kaiserstein und dem Waxriegel, in dessen Bereich die Endstation der Zahnradbahn liegt, also im allgemeinen jenen Teil, der mehr als 1800 m Höhe aufweist.

Im südöstlichen Teil bietet der weit ausgedehnte Gahns ein ideales Wandergebiet, ausgezeichnet durch den Anblick der Felsabstürze des Hochschneeberges; viele gut markierte Wege und ebenso kilometerlange Forststräßchen sowie die geringere Höhe erleichtern Quergänge vom Sierningbachtel zum Schwarzatal, da diese Grünflächen 1350 m Höhe kaum überschreiten und sogar der Krummbachstein nur mit 1603 m kotiert ist. Mit dem Pkw kann man nicht sehr weit in dieses unberührte Gebiet eindringen, allgemein befahrbare Straßen stehen nur bis Rohrbachgraben (südlich von Puchberg am Schneeberg) und nach Prigglitz (ab Gloggnitz auch Postauto) zur Verfügung. Bleibt noch der an den Hauptstock unmittelbar anschließende Kuhschneeberg zu erwähnen, der allein trotz dem nur 1545 m hohen Saukogel den Steilschinder aus dem Voistal oder von der Singerin kaum lohnt.

Die zwei wichtigsten Ausgangspunkte für Touren auf den Hochschneeberg sind die Bahnstationen Puchberg am Schneeberg und Payerbach-Reichenau. Puchberg ist vielleicht noch vor Payerbach zu nennen, da die Schneeberg-Zahnradbahn, auf die in den Ausflugszielen noch ausführlich hingewiesen wird, nicht nur den Hauptstock, sondern auch den Gahns leichter zugänglich macht und vor allem langwierige Anstiege erspart. Auch beginnen bei der Haltestelle Baumgartner die beiden Grafensteige, die den Schneeberg in ungefähr halber Höhe umgürten und eine Reihe weiterer touristischer Möglichkeiten eröffnen. Durch die Schneeberg-Zahnradbahn sind Schneebergunternehmungen in den Bereich von Tagestouren gerückt, auch erfüllt sie die Wünsche jener „Bergsteiger", die „nur" vom Gipfel abwärts unterwegs sein wollen.

Schließlich ist Puchberg auch Ausgangspunkt für die Straße nach Losenheim (Postauto), von wo ein Doppelsessellift zur Sparbacherhütte und zur Edelweißhütte besteht, der die Begeher des Nördlichen Grafensteiges „abholt" oder „zubringt", aber auch den sehr lohnenden und aussichtsreichen Fadensteig an Kräften noch unverbraucht antreten läßt. Will man von Puchberg oder vom idyllischen Schneebergdörfl zu Fuß die ganze Höhe, das sind 1383 m, bewältigen, sind das gänzlich unschwierige Mieseltal oder der sehr mühsame Schneidergraben die meist begangenen Routen, wenn man von Klettersteigen absieht. Wer aber doch glaubt, eine etwas ausgesetzte Stelle meistern zu müssen, versucht den Unteren Herminensteig.

Direkt von der Bahnstation Payerbach-Reichenau, vom nahen idyllisch gelegenen Ort Schneedörfl, gleich drüber der Bahn, beginnt der historische Anstieg durch die Eng, der stets als der kürzeste und bequemste bezeichnet wird (über die Holzriese der Eng siehe unter Ausflugsziele). Andere Wege auf den Schneeberg nehmen im Höllental (Postauto) ihren Anfang, doch sind aus Quellenschutzgründen einige gesperrt, so von Kaiserbrunn der Krummbachgraben zum gleichnamigen Sattel und, was die Felsgeher bedauern, der Stadelwandgraben, der herrliche Klettersteige eröffnet, vor allem die Richterroute durch die Stadelwand. (Die Forstorgane zeigen aber Verständnis). Von Kaiserbrunn ist aber nach wie vor der Weg zur Knofeleben gangbar, von der Mündung des Weichtales der Ferdinand-Mayr-Weg und – ein alpines Prachtstück – der in den Felsschluchten des Weichtales führende Steig (mühsam, doch nicht schwierig) zur Kienthalerhütte.

Im Vergleich zur Raxalpe ist das Schneebergplateau – wenn man überhaupt von einem solchen sprechen darf – klein, doch genügt vielen Benützern der Zahnradbahn die Tour Endstation beim Elisabethkirchlein-Fischerhütte-Klosterwappen und auf dem Ochsenboden wieder zurück.

Auch dem Wintersportler bietet der Schneeberg – obgleich wie die Raxalpe kein richtiger Schiberg – eine vielbegehrte und besonders bis ins Frühjahr ausführbare Abfahrt durch die Trenkwiesenschlucht. Sie führt von der Fischerhütte steil hinunter in den Wurzengraben, wo die Heinrich-Krempel-Rettungshütte und der Fleischergedenkstein stehen, womit das Gelände des Kuhschneeberges erreicht ist. Man kann von dort auf dem Fadenweg (auch im Sommer sehr lohnend) bei nur geringer Gegensteigung zur Sparbacherhütte und zur Edelweißhütte gelangen. Vielfach wird man aber durch den Kaltwassergraben bis zur Trenkwiese (davon der Name der Route) abfahren und sich in die Vois begeben.

Die Breite Ries, das riesige Kar an der Nordostseite, ist die Spätwinterabfahrt. Das Kar ist sehr steil, der Höhenunterschied allein bis zum Nördlichen Grafensteig beträgt 800 m. Geübte wagen es, in der steilen Hackermulde (zwischen Klosterwappen und Kaiserstein) herunterzuflitzen; dieser gefährliche Abhang trägt seinen Namen nach dem im März 1912 mit neun Schiläufern tödlich verunglückten Ämilius Hacker.

Der Schneeberg ist aus Kalkstein gebildet, die Hauptmasse besteht aus Gesteinen der Triasformation. Die Oberfläche des Hochschneeberges setzt sich aus Dachsteinkalk zusammen.

HOHE WAND

Wenn man auf der Südautobahn, auf der Bundesstraße oder mit der Südbahn von Wien Richtung Wiener Neustadt fährt, tritt schon hinter Leobersdorf rechter Hand ein langgestreckter, trapezförmiger Gebirgsstock ins Blickfeld, die Hohe Wand, zu der auch die Vordere Wand und die Hintere Wand zu rechnen sind. An einigermaßen klaren Tagen nimmt man hinter ihr den gewaltigen Schneeberg wahr, und kein geringerer als ihr bester Kenner und auch Erschließer des Hohen Wand, Domprälat Dr. Alois Wildenauer (1877–1967), hat sie als „verkleinertes, aber nicht kleines" Abbild der Raxalpe bezeichnet und hier in vielen praktischen Belangen recht gehabt, denn der höchste Punkt, der Plackles, ist mit 1132 m kotiert (die Heukuppe mit 2007 m), die Entfernung von Wien ist wesentlich geringer als zum Beispiel nach Payerbach, ein Faktor, der in den ersten fünf Jahrzehnten dieses Jahrhunderts wegen der niedrigeren Fahrpreise auch aus finanziellen Gründen eine Rolle gespielt hat. Klettersteige, leichte und schwierige, gibt es zur Genüge, doch sind sie alle kurz, und die Felsgeher begnügen sich mit einem Anstieg an einem Tag meist nicht.

In einem Punkt steht die Hohe Wand gegenüber anderen Bergen kaum zurück: die landschaftlichen Schönheiten sind so vielseitig, daß man am Wandern stets Freude haben wird. Die Hohe-Wand-Straße, obwohl mautpflichtig, hat hier vielleicht mehr erschlossen, als wirklichen Naturfreunden erwünscht ist. Sie hört nämlich am Hochplateau nicht auf, sondern man kann auf anschließenden Waldstraßen große Teile der Hochfläche durchqueren, wodurch Fußgänger oft mit Fahrzeugen konfrontiert werden.

Im Sinne moderner Freizeitgestaltung wurde um den vor Jahren noch kaum bekannten 1078 m hohen Bromberg der Naturpark Hohe Wand geschaffen (zugänglich unmittelbar vom Wiener-Neustädter-Haus oder vom Gasthof Postl ¾ Std.), ein „Erholungszentrum", in dem eine an und für sich begrüßenswerte Aussichtswarte (103 Stufen) erstellt und ein Tiergehege mit ausladenden Beobachtungsterrassen angelegt wurde. Das Alpin-, Natur- und Heimatmuseum im Wiener-Neustädter-Haus auf der Hohen Wand – es beherbergt das Naturparkstüberl, eine Gaststätte – informiert auch über die vielen Höhlen. Ein weiterer Schwerpunkt ist die Dokumentation der Geschichte von der Urzeit bis zur Gegenwart.

Aber trotz dieser gerade nicht erfreulichen Entwicklung ist die Hohe Wand, besonders an Wochenenden, ein gern aufgesuchtes Ausflugsziel. Zu dem starken Besuch tragen in erster Linie auch die Felssteige bei, die, hauptsächlich von der Puchberger Seite, auf die Hochfläche führen (sowohl jene, die zu ihrer Begehung klettertechnisches Können zur Voraussetzung haben, als auch die relativ unschwierigen, die man aber wegen ihrer Ausgesetztheit nicht unterschätzen sollte), als auch die Wege, so zum Beispiel von Maiersdorf der neu instandgesetzte Straßenbahnerweg, von Grünbach der alte Grafenbergweg, dann die aus dem Piestingtal durch das reizende Dürnbachtal und – ohne Straßenbegehung – die Route über den Dürnberg auf die Hochfläche. Die Große Klause erhebt aber schon einige Ansprüche auf Vertrautsein mit dem Fels. Auch die kleine Klause ist etwas mühevoll, doch kann man der Begehung des oberen Teiles des Naturfreunde-Steiges ausweichen. Siehe auch dort. Was das Gebiet um den Plackles und besonders das Geländ auszeichnet: der einmalige Anblick des Schneebergs, dessen Abstürze ins Puchberger Tal sich dem Beschauer im Frühjahr, wenn in den Karen noch der Schnee liegt, in ihrer ganzen Pracht darbieten.

Touristen, die von einem Pkw unabhängig sind, überqueren zumeist als Tages-tour den ganzen Gebirgsstock, von einem der Orte an der Schneebergbahn zur Piestingtalbahn (Gutensteiner Linie) oder umgekehrt, wobei sie sich, je nach ihrem Können, die Begehung eines der attraktiven Felssteige (hauptsächlich von der Puchberger Seite) nicht entgehen lassen. Da auf der Hohen-Wand-Straße auch ein privater Autobus ab Wien 5, Wimmergasse 3 an Sonntagen, Fahrplan 7846, Unternehmung Partsch, Wr.Neustadt Tel. 02622/27420, verkehrt, kann man sich mit Wanderungen auf der Hochfläche begnügen, doch sei auf den tiefen Einschnitt des Leitergrabens (westlich von Maiersdorf) aufmerksam gemacht, den man bei nicht genauem Studium der Landkarten oft übersieht und meint, sich vom Wandeck bis zum Plackles (7 km) am oberen südöstlichen Rand der Abstürze ohne Höhenverluste begeben zu können. Wenn man von der Wilhelm-Eichert-Hütte zum Hubertushaus vordringt und der gelben Markierung weiter folgt, gewahrt man den tiefen Einschnitt des Leitergrabens, der zu einem Abstieg fast zur Talsohle zwingt und Mühen für 160 m auf und ab bedingt.

WEITWANDERWEGE

Im Zuge der Bestrebungen, das Wandern zu fördern, wobei auch gesundheitliche Motive eine bedeutende Rolle spielen, haben seit 1960 die österreichischen alpinen Vereine, sowohl der Alpenverein, die „Naturfreunde", als auch der Österreichische Touristenklub, zum Großteil bereits bestehende Wege, auch hochalpine Übergänge, zusammengefaßt, einige Lücken geschlossen und als Weitwanderwege ein einheitliches Wegnetz hergestellt, das sich in allen Richtungen durch Österreich zieht und für dessen Begehungen, sei es in Abschnitten oder über eine ganze Weglänge, die sich bis auf fast 1300 km, z.b. von Wien bis Feldkirch erstrecken kann, Anerkennungen in Form von Abzeichen sind. Die Idee war aber nicht neu, denn schon im Jahre 1932 erschien im „Bergsteiger" ein Artikel, der eine Begehung über die Alpengruppen quer durch Österreich in zwei Richtungen, von Wien bis zum Bodensee, einmal über die Zentralalpen, einmal über die Nördlichen Kalkalpen zum Thema hatte, wobei nur in Schutzhütten genächtigt wurde, eine Auflage, von der man längst abgekommen ist.

In Österreich bestehen zehn überregionale Weitwanderwege, von denen einige auch zum Teil in Gebieten der Wiener Hausberge verlaufen, also den Schneeberg, die Raxalpe und die Schneealpe berühren und daher in den vorliegenden Kartenabschnitten aufscheinen. Weiters existieren rund 80 regionale Weitwanderwege, davon 20 im Bereich der „Wiener Hausberge". Um sie gleich zu erkennen, hat Freytag-Berndt eine eigene Bezeichnung geprägt, in ein rot umrandetes Rechteck sind in rot Zahlen eingetragen, die aus drei Ziffern bestehen: Einer und Zehner bezeichnen den Weg, also z.B. 02, 09, eine vorgesetzte Ziffer bestimmt die örtliche Lage, so daß ein Weg z.b. mit der Zifferngruppe 401, 201, 801 aufscheint, ein nachgesetzter Buchstabe A oder B, z. B. 201 A weist auf Varianten hin. Wir machen hier nur kurz auf die Weitwanderwege der vorliegenden Kartenausschnitte aufmerksam. Der Vollständigkeit halber sei erwähnt, daß auch Europäische Fernwanderwege bestehen, z.B. von der Nordsee oder Holland zum Mittelmeer, von den Pyrenäen zum Neusiedler See oder von der Ostsee zur Adria; eine weiße Ziffer in einem roten Viereck.

Der Nordalpine Weitwanderweg 01 durchzieht (von Wien aus gesehen) in Süd/West Richtung 7 Kartenblätter. Ausgangspunkt der Wiener Route ist Perchtoldsdorf bei Wien, bei Weissenbach an der Triesting (Blatt 4) scheint er erstmals auf, berührt vorerst das Waxeneck und die Hohe Mandling (Blatt 8), um dann über den Kamm der Dürren Wand (11, 12) sich dem Schneeberg (16), der Raxalpe (19) und der Schneealpe (18) zuzuwenden. Eine gewiß gerne begangene Variante ist die auf die Hohe Mandling einsetzende Route 201 A, die über den Höhenzug der Hohen Wand führt und bei der Gauermannhütte wieder zum Hauptweg stößt. Wesentlich weiter südlich muß man die Burgenlandroute 01 A suchen, die nach Querung der Buckligen Welt im Kartenblatt 21 aufscheint, über den Semmering weist und beim Trinksteinsattel auf der Raxalpe sich mit dem Hauptweg wieder vereint.

Die Mariazeller Weitwanderwege 06 stellen ein Bündel von Wegen dar, deren gemeinsamer Zielpunkt der steirische Wallfahrtsort Mariazell ist. Es gibt einen Steirischen Mariazeller Weg von Eibiswald, einen Niederösterreichischen, der vom „hohen Norden", vom Nebelstein kommt, selbstverständlich einen Wiener, dessen Ausgangspunkt Perchtoldsdorf ist sowie einen Burgenländischen, der in Eisenstadt beginnt und einen Kärntner Anschlußweg ab Klagenfurt, weiters auch ein oberösterreichischer Weg. Wir beschäftigen uns mit dem Verlauf jener Wege, die auf den Kartenseiten verfolgt werden können.

Wiener Mariazellerweg. Er läuft mit dem Nordalpinen Weitwanderweg 01 bis zum Peilstein (siehe Wanderatlas Wienerwald) parallel und scheint bei Altenmarkt an der Triesting erstmals auf (Blatt 4). Über Hocheck (4), Kieneck, Unterberg (7) führt er am abgeschiedenen Ort Rohr am Gebirge vorbei, strebt dem Tal der Unrecht Traisen, St. Aegyd (5) zu, bis zum Gscheid können wir ihn noch verfolgen. Eine Variante 06 B von Hafnerberg aus erschließt Klein Mariazell bis zum Feiglkogel nördlich vom Kieneck.

Der Burgenländische Mariazellerweg. Variante A ist erstmals bei Würflach (17) auszunehmen, er führt von dort auf den Grünbacher Sattel, höchster Punkt der Schneebergbahn (13), wohin man auch den Wegen der anderen Variante B gelangt, von Bad Fischau (13), denn diese leiter über die Fischauer Berge vorerst ebenfalls zum Grünbacher Sattel, dann zieht der Weg 06 über Puchberg am Schneeberg (16) zum Klostertaler Gscheid und, nahe bei Schwarzau im Gebirge vorüber (15), den Zellerweg entlang zum Dorf und „Paß" Lahnsattel (14).

Der Zentralalpenweg 02 Hainburg–Feldkirch, der mit fast 1300 km der längste und hochalpinste aller Weitwanderwege ist, der a ganz Österreich in alpinen Zonen quert, und einen Abstecher auf den höchsten Berg Österreichs, den 3798 m hohen Großglockner ermöglicht, scheint auf unseren Kartenausschnitten nur auf den beiden südlichen Blättern 22 und 21 auf, von Mönichkirchen über den Hochwechsel zum Stuhleck.

Der Voralpine Weitwanderweg 04 wendet sich vom Hohen Lindkogel (siehe Wanderatlas Wienerwald) beim Peilstein und über Hafnerberg dem Triestingtal zu, verläuft parallel mit dem Mariazellerweg 06 über Hocheck (4), das Kieneck (3) bis zum Unterberg, um dann nördlich über den Kirchenberg (3) im Gölsental Hainfeld zu erreichen, wo mit der Überschreitung der Gölsen wieder der Wienerwald betreten wird.

Der Niederösterreichische Landesrundwanderweg verläuft zum Großteil auf den Österreichischen Weitwanderwegen und trägt eine gelb/blaue Markierung mit dem niederösterreichischen Landeswappen. Er ist mit den blauen Großbuchstaben NÖLRWW in den Karten gekennzeichnet und führt auf unseren Ausschnitten von Blatt 4 rechts unten von Weissenbach/Triesting zum Halssattel (3), dann über die Hohe Mandling, quert das Piestingtal und leitet über den Kamm der Dürren Wand (12 und 11) weiter auf den Hochschneeberg (17), und auf die Raxalpe (19); bei Hinternaßwald erreicht er wieder die Talsohle. Über den Preinecksattel strebt er schließlich dem Traisental und St. Aegyd zu (15 und 14), von wo man ihn noch bis zum Kernhofer Gscheid (5) verfolgen kann.

Der Piestingtaler Rundweg verläuft in großen Zügen über Dürre Wand-Öhler-Schober-Mamauwiese-Dürre Leiten-Sparbacherhütte/Edelweißhütte-Klostertal-Mariahilfberg-Gutenstein-Steinapiesting-Radersbach-Bei der Weißen Wand zum Untersberg. Er zeichnet sich durch Abwechslung und landschaftliche Schönheit aus. Er verläuft auf der Dürren Wand in 1000–1200 m Höhe und stellt, am Öhlerschutzhaus vorbei, die Verbindung zur Mamauwiese her. Von ihr zum Faden und ins Klostertal, dann weiter auf dem Mariahilfweg nach Gutenstein. Durch die Steinapiesting gelangt man schließlich auf den Untersberg.

Der Dreiländerweg 02/07 berührt im Bereich Mönichkirchen-Hallerhaus das Blatt 22; er verbindet die Rosalia mit der Buckligen Welt und dem Bergzug des Wechsels und ist ca. 120 km lang.

Der Gebirgsjäger-Gedächtnisweg scheint auf den Kartenblättern 21 und 20 dieses Wanderatlasses auf. Er wurde zur Erinnerung an die letzten Kämpfe im Zweiten Weltkrieg um das Semmeringgebiet geschaffen. Der erste Teil des Weges vom Pfaffensattel bzw. Feistritzsattel bis zum Sonnwendstein, wo er an der Grenze Niederösterreich/Steiermark verläuft, ist den Bergsteigern als Weinweg nicht unbekannt, bis dorthin ist mit drei Stunden Gehzeit zu rechnen. Es folgt der steile Abstieg nach Maria Schutz (in weitausladenden Kehren), der Weg wendet sich dann westlich dem Semmering zu, beim Bärensattel schwenkt er nördlich zum aussichtsreichen Eselstein ab und von ihm in den Adlitzgraben. Bis hierher scheint er auf Blatt 21 auf, die Fortsetzung ist am vorherigen Blatt 20 zu finden. Dieses Einsatzgebiet der 9. Gebirgsjäger-Division befindet sich an der ehemaligen Hauptkampflinie, die umkämpften Abschnitte sind mit 10 Hinweistafeln versehen, 30 Wegweisertafeln, die Markierung: weißes Edelweiß auf grünem Hintergrund. Nach Querung des Adlitzgrabens Anstieg auf den Kreuzberg, wobei die Trasse der Semmeringbahn erstmals gequert wird, hinunter nach Payerbach, wo der Weg endet.

Weitere Rundwanderwege

Der St. Aegyder Gemeinde-Rundwanderweg (Bl. 5) ist ein etwas steiler Serpentinenanstieg zum Traisenbergsattel. Dann über die Glinzen zur Bürgeralpe und schließlich zur Zdarskyhütte (1082 m). Abstieg vorerst etwa ¼ Stunde zurück und südlich auf den Wancurasteig zum Ausgangspunkt zurück. Gehzeit 3½ Stunden.

Rundwanderweg Bad Fischau–Brunn (Bl. 13). Die Wanderung beginnt am Fuße des Blumberges (Parkplatz) Richtung Waldandacht, Föhrenwald zeichnet sie aus. Nach dem ehemaligen Wirtshaus Kürassier gelangt man zur Hubertuskapelle und zur Eisensteinhöhle (siehe unter Ausflugsziele). Dann zur Brunner Ebene, zur Terrasse der 1. Wiener Hochquellenleitung und entlang dieser zum Ausgangspunkt zurück. Gehzeit 2½ Stunden.

Der Lilienfelder Rundwanderweg (Bl. 1) besteht eigentlich aus zwei Teilen, dem westlichen, der am Lorenzi-Pechkogel (883 m, Höhenkreuz) seinen höchsten Punkt erreicht und den wesentlich längeren, östlich der Terrasse der Traisentalbahn, der bis auf die Klosteralpe – Hinteralpe weist und bei der Bahnhaltestelle Marktl die Heimat Matthias Zdarskys berührt. Ausgangs- und Zielpunkt für beide ist die Tankstelle beim Bahnhof Lilienfeld, siehe auch unter Ausflugsziele.

Der Wechselbergland-Höhenweg (Bl. 2) verläuft unmittelbar am Kamm des Hochwechsels. Vom Hallerhaus über die Steinerne Stiege über den Niederwechsel bis auf den Hochwechsel, dann südlich zum Teil auf der Mautstraße nach Waldbach oder Mönichwald im Joglland.

Der Mödlinger Rundwanderweg (Bl. 3) hat eine Länge von 120 km und scheint in diesem Wanderatlas nur im Bereich des Hochecks auf.

Der „Bahnwanderweg" entlang der historischen Semmeringstrecke, der „Peter-Rosegger" Weitwanderweg, der „Mathias-Zdarsky" Rundwanderweg und die „Schwarztaler" Rundwanderwege verlaufen auf den bestehenden Markierungen und sind im Kartenteil beschriftet.

AUSFLUGSZIELE
in alphabetischer Reihenfolge

Adamstal, 541 m, Bl. 3, 7. Hotel im Gaupmannsgraben, südöstlich von Hainfeld, Postautoverkehr Hainfeld-Adamstal (10 km). Beginn des gelb bezeichneten Anstiegsweges auf den Unterberg, einer der kürzesten Zugänge (2–2½ Std.).

Adlitzgraben, Bl. 20, 21, das enge, romantische Tal des Haidbaches westlich von Schottwien bis zur Kalten Rinne; oben im hohen Felsen verläuft die Trasse der Semmeringbahn mit ihren Tunnels und Viadukten. Von Gloggnitz durch den Adlitzgraben und auf der Fürst-Liechtenstein-Straße (herrliche Waldstraße) bis zum Semmering 5½ Std.; für Pkw nur bis zur Abzweigung nach Orthof erlaubt, daher empfehlenswerte Fußtour.

Adolf-Kögler-Haus, 1322 m, Bl. 16, an der Drachenwand auf dem Kaltwassersattel im Schneeberggebiet gelegene unbewirtschaftete Schutzhütte des Österreichischen Touristenklubs. Von der Haltestelle Baumgartner der Schneeberg-Zahnradbahn 10 Min. Zugänglich nur für Mitglieder der ÖTK-Sektion Ternitz und von diesen eingeführte Gäste.

Adriganbauer, ca. 850 m, Bl. 17, unweit der Abzweigung des Weges vom Himberg einerseits zum Neunkirchner Naturfreundehaus, andererseits nach Grünbach am Schneeberg.

Aigen, 517 m, Bl. 9, hoch gelegenes Dorf im Bereich zwischen Triesting- und Piestingtal in der Nähe von Hernstein. Markierte Zugangswege, deren Begehung schon wegen des waldreichen Geländes sehr lohnend ist, bestehen ab Berndorf über die Brunnleithen, 2¼ Std., grün, von St. Veit an der Triesting durch die Jauling 2 Std., blau, von Hirtenberg 2¼ Std., gelb/rot, von Wöllersdorf 2 Std., blau, dann rot, am kürzesten von Markt Piesting 1½ Std., rot, dann blau.

Allelujahöhle, ca. 850 m, Bl. 17, am Anstiegsweg von Puchberg am Schneeberg zum Himberg (948 m).

Almesbrunnberg-Einkehr, 690 m, Bl. 8, privat. Ausgangspunkt für eine Rundtour um den Almesbrunnberg zur Steinwandklamm, 2½ Std., grün; über Jagasitz zur Steinwandklamm und zur Gaststätte am Klammeingang 1 Std., blau, Pkw über Pernitz zum Jagasitz. Günstiger Zugang im Sommer von der Postautohaltestelle „Am Hals" der Linie Wien Mitte – Gutenstein – Mariazell.

Almfrieden-Wirtshaus, Bl. 12, 13, Gaststätte am Abbruch der Hohen-Wand-Felsen.

Almreserlhütte, Bl. 16, am Faden unweit der Sparbacherhütte, privat, bei der Bergstation des Sessellifts von Losenheim.

Alois-Günther-Haus, 1782 m, Bl. 21, auf dem Stuhleck, 24 B. 76 L. Tel.: 03853/300 siehe bei Stuhleck.

Alpenfreundehütte, 1568 m, Bl. 16, 20, am Krummbachstein, siehe dort.

Alpengasthof Moassa, 1160 m, Bl. 19, südlich des Gipfelblocks der Raxalpe. Von Stojen im Raxental durch den Kohlbachgraben (Sträßchen) in 1½ Std. erreichbar. Abstiege ins Altenbergtal und auf dem Redensteig zum Waxriegelhaus oder zum Preiner Gscheid.

Alpenvereinshaus Hinteralm, Wiener Lehrer-Hütte, 1442 m, Bl. 18, größtes Schutzhaus auf der Hinteralm, siehe dortselbst.

Alpenvereinssteig, Bl. 19, versicherter Klettersteig (ein Verdienst des jahrzehntelangen Pächters des Otto-Schutzhauses Camillo Kronich), vom Ende des Großen Höllentales zur Hochfläche der Raxalpe, die bei der Höllentalaussicht erreicht wird. Trotz erstklassiger Anbringung verläßlicher Eisenleitern von je 12–15 m Höhe, die, um Senkrechtstellungen zu vermeiden, in Winkelhöhe montiert sind (eine Arbeit des Wiener Kunstschlossers A. Cepl 1912, nach dem auch eine Wand benannt ist), ausreichender Drahtseile, Holzstufen und Tritte sollten sich nur Schwindelfreie an diesen Steig wagen. Wem die ausgezeichnet versicherte, 60 m hohe Wand, nahe beim Einstieg, Schwierigkeiten macht, der kehre lieber um! Besonders im Frühjahr, wo einige Stellen, die den Sonnenstrahlen nur wenig zugänglich sind, lange vereist bleiben, ist Vorsicht am Platz. Vom Weichtalhaus bis zur Höllentalaussicht 1057 m Steigung, dann bis zum Ottohaus nur noch unbedeutend auf und ab. Gehzeit 3½ Std.

Alpkogel, 1414 m, Bl. 21, wenig ausgeprägter Gipfel am Höhenweg (Weinweg) vom Sonn-wendstein über die Poirshöhe zum Fröschnitzsattel. Dort auch die unbewirtschaftete Alp-kogelhütte des Österreichischen Touristenklubs, die ausschließlich den Mitgliedern des ÖTK, Sektion Neunkirchen zugänglich ist.

Altenbergtal, Bl. 18, Taleinschnitt von Kapellen bis zum Naßkamm, der die Raxalpe von der Schneealpe trennt. Letzte Gaststätte „Ulm" 1½ Std. von Kapellen.

Altenmarkt an der Triesting, 410 m, Bl. 4, zwei Stationen der Bundesbahn, die Haltestelle Altenmarkt an der Triesting und der 1½ km weiter westlich gelegene Bahnhof; der Markt selbst liegt ungefähr in der Mitte zwischen beiden. In Altenmarkt mündet auch die Quer-Wienerwaldstraße Heiligenkreuz-Alland-Hafnerberg ein, die Pkw-Fahrer wegen der land-schaftlichen Schönheiten der Route über die Südautobahn über die Anschlußstelle Leobers-dorf gern vorziehen. Bemerkenswert ist die etwas erhöht gelegene spätgotische Pfarrkirche. Altenmarkt bietet viele Ausflugsmöglichkeiten, lohnend ist das Hocheck, Zugang auf dem Wieshofersteig 2 St. Abstiege nach Kaumberg oder Weissenbach an der Triesting. Gegen den Wienerwald zu: Über Kleinmariazell und St. Corona auf den Schöpfl 3 Std. oder auf wenig begangenen Wegen nach Glashütten-Alland 4 Std. „Hausgipfel" ist der nahe Festen-berg (593 m), in 40 Min. erreichbar, der aber fast keine Aussicht bietet, da die Warte nicht mehr besteht. Am günstigsten von Hafnerberg zu erreichen, etwa ½ Std., der direkte Weg von Altenmarkt ist verfallen. Ebenso ist ein Spaziergang auf den Hafnerberg lohnend, schon um die hochgelegene Barockkirche mit schönen Dekorgemälden zu besichtigen.

Am Himmel, ca. 800 m, Bl. 1, einfaches Wirtshaus am ausgeprägten Bergkamm, der von Schrambach über den „Himmel" und die Rote Mauer zum Engleitensattel zieht; von dort auf den Hohenstein 1 Std. Von Lehenrotte, Bahn- und Postautohaltestelle, 1½ Std. Der Anstieg von Schrambach auf dem Ratzenecksteig ist mühevoll, 2 Std.

Ameisbühel, 1928 m, Bl.18, ausgeprägter Gipfel im Schneealpenstock, über den die niederösterreichisch-steirische Grenze verläuft. Unmarkiert, jedoch von der Lurgbauerhütte in ¼ Std. leicht erreichbar.

Annental-Siedlung, 544 m, Bl. 3, 7, im Gaupmannsgraben. Zufahrt von Hainfeld durch die Ramsau zum Hotel Adamstal 10 km, Postauto, von dort noch 2 km. Verhältnismäßig kurzer Anstieg zum Unterberg-Schutzhaus ab Adamstal.

Arabichl, 1595 m, Bl. 22, kahle Kuppe nördlich des Wechselkammes, bereits am Kamp-steinhöhenzug gelegen. Vom Hochwechsel 1½ Std., von der Feistritzer Schwaig 40 Min., von der Kampsteiner Schwaig 1¾ Std.

Araburg, 799 m, Bl. 3, Ruine und Araburg-Stüberl-Gaststätte. Von Kaumberg-Haltestelle bzw. Gerichtsberg in einer Stunde erreichbar. Pkw-Besitzer können von Kaumberg den Parkplatz Araburg anfahren und haben kaum 20 Min. anzusteigen. Die Araburg wurde urkundlich 1190 das erste Mal erwähnt, sie verfiel im 16. Jahrhundert und wurde 1683 von den Türken zerstört. Ein Aussichtsturmaufbau ersetzt heute die Zinnen. Die Araburg erfuhr im Jahre 1972 eine gründliche Instandsetzung.

Arbestal, Bl. 16, Taleinschnitt und Gehöft (661 m) am Weg von Rohrbachgraben zur Halte-stelle Hauslitzsattel der Schneeberg-Zahnradbahn.

Arzkogel, 1504 m, Bl. 21, von einem mächtigen Kreuz gekrönte Höhe des Bergkammes südlich des Sonnwendsteins, der sich im Dürriegel bis zum Liechtensteinhaus fortsetzt. Ein bequemer und aussichtsreicher Fußweg führt auf der südlichen, steirischen Seite, während nördlich, auf niederösterreichischem Gebiet, die Mautstraße verläuft.

Auf dem Hals, ca. 900 m, Bl. 17, 20, nordöstlicher Teil des Gahns, über den der rot bezeich-nete Weg von der Steinfelderhütte zur Bodenwiese verläuft. Auch Fahrstraße, für private Fahrzeuge jedoch gesperrt.

Auf dem Hals, 662 m, Bl. 8, Sattelhöhe der von Pottenstein im Triestingtal im Grabweg-graben und Schärftal nach Pernitz im Piestingtal verlaufenden 16 km langen Straße, die erstmals 1827 erbaut wurde und „Auf dem Hals" ihren höchsten Punkt erreicht. Dieser stellt für Wanderer einen bereits hoch gelegenen Ausgangspunkt für Unternehmungen in westlicher und östlicher Richtung dar. Auf bezeichneten Wegen erreicht man auf schönem Waldsträßchen und wesentlich kürzer als von anderen Punkten in 1½ Std. rot die Steinwandklamm mit dem Türkenloch und Jagasitz, weiters gelangt man in ½ Std. zum Waxeneckhaus des Touristenvereines „Die Naturfreunde" auf dem gleichnamigen Höhenzug und schließlich in 2¼ Std. auf die Hohe Mandling. Postautoverkehr an Samstagen, Sonn- und Feiertagen. Für Pkw-Fahrer, die „Auf dem Hals" (Gaststätte gegenwärtig geschlossen) parken, eignet sich folgende Rundtour: Waxeneckhaus-Geyersattel-Queren des Feichtenbachtales bei Brunnhof und wieder Anstieg zum Hals.

Auf dem Hart, an die 500 m, Bl. 9, langgestreckte waldreiche Hochfläche nördlich des Piestingtales; ein rot bezeichneter Weg leitet von Steinabrückl (von Wöllersdorf vorerst blau) zum sogenannten Stadtkreuz, eine Kapelle, von der man in ¼ Std. Aigen und in 25 Min. Hernstein erreicht. Schöne, bequeme Wanderwege auch von Wöllersdorf und Markt Piesting; die genannten Orte sind für Pkw-Fahrer die günstigsten Eintrittsorte.

Bad Fischau, 288 m, Bl 13, (Bahnstation Bad Fischau-Brunn), nur 6 km von Wr. Neustadt entfernt, am Rande der Fischauer Berge gelegen, ist nicht nur Sommerfrische und Ausgangspunkt für ganz leichte Wanderungen durch die prächtigen Föhrenwälder, sondern verdankt seinen Ruf (und Namen) als Badeort seiner Thermalquelle. Diese stellt auch den Ursprung der Warmen Fischa dar, entspringt unmittelbar dem Fels und liefert 100 bis 250 Liter Wasser in der Sekunde, so daß das Badewasser chlorfrei gehalten werden kann. Zu erreichen von der Südautobahn-Anschlußstelle Wr. Neustadt und auch Zugsverbindungen bestehen, mit denen man von Wien über Wr. Neustadt nur 52 Minuten benötigt. Alle im Einstundentakt.

Balbersteine, 250 m, Bl. 12, interessante Felsszenerie östlich von Balbersdorf (Straße Puchberg am Schneeberg–Am Ascher–Miesenbach). Von der Bahnhaltestelle Miesenbach 1 Std.

Bärensattel, 900 m, Bl. 21, im Ortsteil Greis, dort auch der Bärenwirt und der Hauswirt, an der Sattelhöhe der Alten und Neuen Semmeringstraße, bevor diese von Schottwien kommend, den Myrtengraben quert.

Baumgartner, 1394 m, Bl. 16, Haltestelle der Schneeberg-Zahnradbahn, 7 km von Puchberg. Ausgangspunkt für den Nördlichen und Südlichen Grafensteig sowie auf den Hochschneeberg. Kleine Gaststätte, seit der Sperre des Baumgartnerhauses auch bescheidene Nächtigung möglich.

Baumgartnerhaus, ehemaliges, 1448 m, erbaut 1871, war das älteste Schutzhaus am Schneeberg und gehörte dem Österreichischen Touristenklub. Diesen touristisch wichtigen Stützpunkt ersetzt nur zum geringen Teil ein bescheidenes Gasthaus (wohl auch Nächtigung) bei der Haltestelle Baumgartner der Schneeberg-Zahnradbahn.

Berndorf, 312 m, Bl. 9, Stadt im Triestingtal, Bahnhof Berndorf-Stadt. Dort die seinerzeitige Metallwarenfabrik Arthur Krupp, heute Vereinigte Metallwerke Ranshofen-Berndorf. Trotz der Industrialisierung hat die waldreiche Umgebung der Stadt dazu beigetragen, daß Berndorf auch als Ausgangsort für Ausflüge in Betracht gezogen wird. Günstiger als mit der Triestingtalbahn kommt man vielfach nach Berndorf, wenn man die Bundesbusse ab Baden benützt. Ein ganz bescheidenes Ziel ist der um 160 m ober Berndorf gelegene Guglzipf, auf dem vom nahen Ort Veitsau ein markierter Weg führt, der dann in die Jauling und zum Beginn des Triestingtales (Hirtenberg, Enzesfeld) leitet. Im vorerst breiten Grillenbergtal verläuft die erst gegen Ende steiler werdende Route auf die Hohe Mandling zur Berndorfer Hütte, 3 Std.

Berndorfer Hütte, 967 m, Bl. 8, Alpenvereinshütte auf dem Gipfel der Hohen Mandling, siehe dortselbst.

Bettelmannkreuz, 952 m, Bl. 3, 7, touristisch viel genannt, da über diese Sattelhöhe sowohl der Übergang aus dem Lamwegtal in die Ramsau (Pernitz-Hainfeld) führt, als man diesen Punkt auch bei der Höhenwanderung Unterberg-Kieneck berührt. Es erinnert an einen Bettler, der an dieser Stelle erfroren ist.

Binder-Wirtshaus, 848 m, Bl.19, bis 1970, der Sperre des Reißtales aus Gründen des Hochquellenschutzes, eine beliebte, man kann sagen, historische Gaststätte im Gebiet der Raxalpe, 3 km ober Hinternaßwald; sie war ein weit vorgeschobener Stützpunkt für den Übergang ins Altenbergtal und zur Schneealpe sowie für den Anstieg zum Habsburghaus und auf das Zahme Gamseck. Es wurde abgetragen.

Bismarcksteig, Bl.19, wenn man auf dem Schlangenweg vom Preiner Gscheid zur Hochfläche der Raxalpe ansteigt oder vom Carl-Ludwig-Haus gegen den 1902 m hohen Predigtstuhl blickt, gewahrt man unterhalb der Felsen den Verlauf eines Steiges, der beim Übergang zum Trinksteinsattel,1850 m, statt des Weges über den Gipfel des Predigtstuhls gewählt werden kann. Dieser Bismarcksteig, angelegt im Jahr 1899, befand sich schon seit geraumer Zeit in einem sehr schlechten Zustand, ein unachtsamer Schritt hätte von schweren Folgen begleitet sein können. Die Wiener AV-Sektion Edelweiß hat 1986 die Initiative ergriffen und den so beliebten Steig ordentlich instandgesetzt, mit Seilen und Verankerungen nicht gespart, so daß ihn nun geübte, wohl aber schwindelfreie Bergsteiger wieder begehen können. Zeiterfordernis, sagen wir im Schnitt, jedenfalls weniger als 1 Stunde. Der ehemalige Pächter des Carl-Ludwig-Hauses, Hans Souscheck, wegen seines mächtigen Bartwuchses „Rübezahl der Rax" benannt, hat oft davon erzählt, wie er Ungeübte aus den Felsen holen mußte.

Bleieralm, ca. 1200 m, Bl. 16, bei der Grassinger Hütte, unter der Haltestelle Baumgartner, siehe dortselbst.

Bodenwiese, 1140 m, Bl. 20, eine ausgedehnte Almwiese auf der dem Hochschneeberg vorgelagerten Gahns-Hochfläche, 2½ km lang, ½ km breit, durch Querzäune in mehrere Abschnitte geteilt. Herrlicher Anblick vom Waxriegel, man erkennt die obere Trasse der Zahnradbahn, am Südende steht in 1182 m Höhe die private Waldburgangerhütte; kürzester Anstieg zu ihr vom Bahnhof Payerbach-Reichenau auf zwei verschiedenen Wegen oder auf dem in vielen Kehren verlaufenden Güterweg 2–2½ Std., weitere von Prigglitz, Pottschach, Sieding oder Rohrbachgraben über den Gahns.

Bodingschneide, 975 m, Bl. 10, Kammhöhe beim Anstieg in die Pax-Wildföhrenstein; Übergang in die Vois oder über den Handlesberg nach Schwarzau im Gebirge.

Brandschneide, Bl. 19, Camilli Kronich Steig (vom ÖTK betreut), einer für einigermaßen Geübte leichter Anstieg auf die Raxalpe aus dem Höllental, vom Raxbahn-Bergstation bzw. zum Otto-Schutzhaus. Trotz des Riesenwaldbrandes im Jahre 1859 (davon der Name) prächtiger Anstieg auf scharf ausgeprägtem, von Schwarzföhren flankiertem Gratrücken. Nur einige, gut gesicherte, keinesfalls ausgesetzte Leitern. Anstiegszeit 3 Std. (gelb).

Brandstatt-Wirtshaus, 660 m, Bl. 14,nördlich des Gippels, Abzweigung vom Weißenbachtal (St. Aegyd am Neuwald).

Brandstätterhof-Wirtshaus, 537 m, Bl. 11, Gaststätte am Anstiegsweg Gutenstein-Öhlerkreuz.

Breitenstein, 791 m, Bl. 19, 20, Bahnhof der Semmeringbahn, verschiedene Wege auf den Kreuzberg und zum Semmering, weiters zum Dorf Klamm 1½ Std.

Bromberg, 1078 m, Bl. 12, höchste Erhebung inmitten des vom Verein Naturpark Hohe Wand angelegten „Erholungszentrum Bromberg", Parkplatz für mehrere hundert Wagen, Zufahrt über die Hohe-Wand-Straße vom Gasthof Postl 45 Min., Promenadenwege mit ausreichenden Bezeichnungen gestatten Rundwanderungen. Von ausladenden Terrassen gute Einblicke in die Tiergehege. Auf dem Bromberg wurde eine solide Aussichtswarte errichtet, 103 Stufen führen zur obersten Plattform, herrliche Ausblicke besonders gegen den Schneeberg.

Brunn an der Schneebergbahn, 299 m, Bl. 13, 1 km südwestlich von Bad Fischau. Kürzester Zugang zur Eisensteingrotte ½ Std.

Brunnhof, 484 m, Bl. 8, Gehöft am Ende des Feichtenbachtales, bis dorthin ab Ortmann (Piestingtal) Straße; zum Waxeneckhaus 1 Std.

Brünnlries, Bl. 13, gänzlich unschwieriger Anstieg vom Hotel Loderhof (bei Stollhof) auf die Hochfläche der Hohen Wand. Blau bezeichnet führt er in 1½ Std. auf das Plateau. Schöner Waldanstieg, doch sonst nicht übermäßig lohnend.

Burgstall, ca. 570 m, Bl. 13, wenig ausgeprägte Erhebung in den Fischauer Bergen östlich von Muthmannsdorf. Lohnende Wege Bad Fischau-Muthmannsdorf, die über den Burgstall führen, 1½–2 Std.

Camillo Kronich Steig, Bl. 19, siehe unter Brandschneide.

Carl-Ludwig-Haus, 1804 m, Bl. 19, größtes Schutzhaus auf der Raxalpe, vom Österreichischen Touristenklub im Jahre 1876 östlich der Heukuppe erbaut und mit dem in der Nähe errichteten Raxkircherl von vielen Bergen der Voralpen gut ausnehmbar. Kürzester Zugang vom Preiner Gscheid, 1070 m (Postauto ab Payerbach-Reichenau), auf dem 3 m breiten Liechtensteinsträßchen (Fahrverbot), viele Abkürzungen; vorerst in den Siebenbrunnkessel, dann auf dem Schlangenweg zu einem Einschnitt und von dort in wenigen Minuten zum Schutzhaus, insgesamt 2½ Std. Von dort auf den höchsten Punkt der Raxalpe, die Heukuppe, 40 Min. Zum Habsburghaus 1¼ Std., zum Otto-Schutzhaus (Überschreitung eines Teiles der Hochfläche) 3 Std.

Damböckhaus, 1810 m, Bl. 16, des Österreichischen Touristenklubs am Ochsenboden unter den beiden höchsten Erhebungen des Hochschneebergs. Von der Schneeberg-Zahnradbahn-Endstation 20 Min. In der Nähe der 1888 m hohe Waxriegel.

Deckersteig, ca. 600 m, Bl. 8, der einzige Eisenleitern aufweisende Steig durch die Steinwandklamm.

Dickenau, ca. 430 m, Bl. 1, Ansiedlung im Tal der (Türnitzer) Traisen, Bahn- und Posthalte stelle. Beginn des rot markierten Weges Engleitensattel-Hohenstein 2¾ Std. Übergang vom Engleitensattel – Am Himmel 1½ Std. oder nach Schrambach 2¾ Std.

Doppelreiterkogel, 919 m, Bl. 14, Aussichtswarte; gegen Norden vorspringende Kuppe, von der Haltestelle Wolfsbergkogel der Semmeringbahn in 20 Min. erreichbar. Rundweg um den Gipfel unweit der großen Kuranstalt.

Dörfl, ca. 600 m, Bl. 19, im Preiner Tal 1½ km hinter Edlach an der Rax. Abspaltung der Straße in die Großau und des Weges zum Preiner-Wand-Steig.

Dreistetten, 528 m, Bl. 13, Dorf am Nordende der breiten, zwischen den Fischauer Bergen und dem Höhenzug der Hohen Wand eingeschobenen Talmulde Neue Welt. Haltestelle der Piestingtalbahn (424 m) zwischen Markt Piesting und Oberpiesting. Ausgangspunkt für einen Besuch der Ruine Starhemberg, zum Ort Dreistetten und auf das Wandeck, womit man die Hochfläche der Hohen Wand erreicht hat. In der Nähe von Dreistetten die Einhornhöhle. Kürzester Zugang zum Scherrerwirt vom Markt Piesting, wo auch die Autostraße (von der Südautobahn-Anschlußstelle Wöllersdorf) über Wöllersdorf-Oberpiesting vorbeiführt.

Durchfall, 1253 m, Bl.18, Jagdhaus im Schneealpengebiet am Weg vom Eisernen Törl zum Waxeneck und zur Hinteralpe (Rundtour).

Dürnbachtal, Bl. 9, 12, 13, in das Piestingtal bei Waldegg mündendes Tal, das touristisch für die Ersteigung der Hohen Wand von Bedeutung ist, da dort die Wege durch die Große und Kleine Klause sowie (beim ehemaligen Gasthaus Nazwirt) der ganz leichte, jedoch steile Stangelsteinweg beginnt. Die Straße ist eine Sackgasse und endet bei der Niederlassung Dürnbach, 1¼ Std. von der Bahnstation Waldegg.

Dürnberg, Bl. 12, Bergrücken südlich von Waldegg, über den ein rot bezeichneter Waldweg von Peisching (unmittelbar östlich von Waldegg) zum Ausstieg der Großen Klause und zum Waldegger Haus bzw. im Saugraben zum Ende der Hohen-Wand-Bergstraße führt.

Dürntal, Bl. 1, Sträßchen aus dem Tal der Unrecht Traisen (von Mönchhöfe,1 km nördlich der Bahnhaltestelle Furthof, siehe Blatt 5) zur Reisalpe bis zur Kleinzeller Hinteralm. Fußanstieg zum Reisalpenhaus 3 Std., gelb, dann rot.

Dürre Wand, höchster Punkt Katharinenschlag, 1222 m, Bl. 11, 12, langgestreckter Höhenzug, der sich in südwestlicher Richtung 10 km von Waidmannsfeld über dem Waidmannsbach und dem Ortgraben bis zum Öhlerkreuz hinzieht und über den Öhler und den Schober seine Fortsetzung bis zur Mamauwiese findet. Prächtiges, dank der Höhenlage nicht anstrengendes Wandergebiet, kaum Gegensteigungen. Man beginnt am besten bei der Haltestelle Miesenbach der Gutensteiner Bahn, marschiert bis Waidmannsfeld oder Balbersdorf und steigt gegen die nordöstliche Erhebung an, 2 Std. Dann über Gauermannhütte-Katharinenschlag bis zum Öhlerkreuz 2½ Std., von wo man sich am kürzesten, 1½ Std. nach Puchberg am Schneeberg begibt. Pkw-Fahrer benützen ihren Wagen über Balbersdorf bis

Frohnberg und machen eine Rundtour: zur Gauermannhütte, rot, Rückweg blau über Schweighof zum Parkplatz zurück.

Dürrgraben, Bl. 21, Einschnitt zwischen Sonnwendstein und Fröschnitzgraben; Zugang von der Paßhöhe des Semmering auf Promenadenweg (Erzweg) und dann links im Dürrgaben zum Sonnwendstein 2½ Std., blau.

Dürriegel, 1460 m, Bl. 21, ausgeprägte Kuppen im Bergkamm, der sich vom Sonnwendstein zum Liechtensteinhaus hinzieht. Siehe auch unter Arzkogel.

Ebenwaldhaus, 1046 m, Bl. 2, privates Schutzhaus, Autozufahrt von Rohrbach an der Gölsen über Kleinzell fast bis zum Haus. Kein öffentliches Verkehrsmittel. Zu Fuß sehr lohnend auf rot bezeichnetem Höhenweg von der Bahnstation St. Veit an der Gölsen vorerst östlich (622), dann über den Sengenebenberg bis zum Punkt 1020, wo man zur Straße aus Kleinzell kommt und dann in 15 Min. bis zum Haus. In Fortsetzung führt der seinerzeit viel begangene, insgesamt an die 5–5½ Gehstunden erfordernde Höhenweg bis zum Reisalpenhaus.

Eckerkogel, 926 m, Bl. 2, Höhe südlich St. Veit a.d. Gölsen, unweit des Höhenweges, der zur Reisalpe führt.

Edelweißhütte, 1235 m, Bl. 11, 16, am Faden, Schneeberggebiet, Alpenvereinshütte bei der Bergstation des Doppelsesselliftes Losenheim. Näheres siehe bei Sparbacherhütte.

Edlach an der Rax, 527 m, Bl. 19, 20, vielbesuchte Sommerfrische im Preiner Tal, 6 km ab Bahnhof Payerbach-Reichenau, Postauto. Markierte Anstiege zum Kronichhof und Knappenhof sowie in die Kleinau zum Törlweg.

Eichberg, ca. 600 m, Bl. 20, Bahnhof an der Semmeringstrecke, wo die Trasse um den Gotschakogel die große Schleife macht. Schöner Rückblick nach Gloggnitz und zum Schloß Wartenstein.

Einhornhöhle, ca. 550 m, Bl. 13, sie liegt nahe dem Felsabsturz des 611 m hohen Hirnblitzsteines und ist von Dreistetten, ½ Std., leicht zugänglich. Dieses Naturdenkmal trägt auch den Namen seines Erforschers, Otto Langer jun. Von der Höhle zum Herrgottschnitzerhaus am Wandeck ¾ Std.

Eisensteinhöhle, Bl. 13, an Klüften angelegte, schachtartige Höhle von mehr als 1 km Länge und 75 m Tiefe. Thermische Einflüsse haben zur Ausbildung reicher Perlsinter geführt. Führungen von Mai bis Oktober nur zu jedem 1. und 3. Wochenende. Höhlenmuseum. Zur Höhle führt ein Weg von Bad Fischau in ¾ Std., von der Haltestelle Brunn an der Schnebergbahn in ½ Std. Eisensteinhöhle Haus, 407 m, der AV Sektion „Allzeit Getreu" Mittwoch bis Sonntag geöffnet. Auch Abenteuerführungen mit Helm durch Sektion „Allzeit Getreu" des Ö.A.V. Wr. Neustadt.

Eisensteinhöhle Haus, 407 m, Bl. 13, bei der Eisensteinhöhle, siehe dortselbst.

Eisernes Törl, 1346 m, Bl. 18, Jagdschloß, am Ende der Fahrstraße, die in vielen Windungen von Krampen hinaufführt. Zu Fuß 2¼ Std. Weiter (rot) auf gutem Karrenweg zur Hinteralm 1 Std. oder (Sträßchen) zum Durchfall-Jagdhaus und von dort auf die Schneealpe 3 Std. Forststraße zum Eisernen Törl für Pkw gesperrt.

Elisabethkirchlein, 1796 m, Bl. 16, bei der Endstelle der Schneeberg-Zahnradbahn; von den Voralpen und die Höhen des Wienerwaldes gut ausnehmbare Andachtsstätte.

Emmysteig, Bl. 16, Schneeberggebiet, gelb bezeichnete, etwas abkürzende Variante der üblichen Verbindungen ehem. Baumgartner-Damböckhaus (Fischersteig). Vorerst auf den Serpentinen des Fischersteiges, dann links durch Zirben und sehr steil bis der Hauptweg erreicht ist, von wo man zum Damböckhaus noch 10 Min. benötigt. Insgesamt 1¼ Std.

Eng, Bl. 20, viel begangener Anstiegsweg von Payerbach-Reichenau nach Lackaboden und zum Hochschneeberg, Mariensteig, Seilgeländer. Zum Friedrich-Haller-Haus kürzer, wenn man nach der Schlucht in den Promischkagraben einbiegt. Der Name Eng hat seinen Ursprung in der Holzriese, durch die seinerzeit im Winter die Baumstämme ins Tal geschleift wurden. Denkmalschutz in Aussicht genommen. Ein kurzes Stück wurde in der alten Form wiederhergestellt, was an die schwere Arbeit der Holzknechte erinnern soll. Dort auch eine Unterstandshütte.

Engleitengraben, Bl.1, tiefer Taleinschnittvon Schrambach (vorerst durch das Zögersbachtal) zum Engleitensattel. Meistgewählter Zugang auf den Hohenstein; von Schrambach zum Otto-Kandler-Haus 3 Std., rot.

Enzesfeld, 275 m, Bl. 9, am Eingang des Triestingtales (Bahnhof Enzesfeld-Lindabrunn); nahe das Schloß Enzesfeld. Schöner Waldweg über Lindabrunn (35 Min. vom Bahnhof) zur grünen Hochfläche „Auf dem Hart" und nach Markt Piesting, 2¾ Std. Bildhauersymposion.

Enzianhütte, 1107 m, Bl. 3, 7, im Jahre 1897 erbautes Schutzhaus der Alpenvereinssektion Enzian auf dem Gipfel des Kienecks; Näheres siehe dortselbst. Kürzester Anstieg für Pkw-Fahrer vom Gehöft Atz, 670 m (Pernitz-Muggendorf-Leitner-Wirtshaus), dann auf dem Mareschsteig, gelb, 1½ Std. bis zum Ziel.

Enziansteig, Bl. 7, blau bezeichnete, auf dem Bergkamm verlaufende, sehr schöne Anstiegsroute vom Leitner-Wirtshaus im Lamwegtal auf das Kieneck. Vom Karnerwirt (bis dorthin von Pernitz 1½ Std.) 2¾ Std.

Eselstein, 974 m, Bl. 21, ausgeprägte, felsige Erhebung südwestlich von Schottwien, die dank guter Wege und verläßlicher Markierungen (grün) sehr lohnend ist. Vom Bärenwirt ober dem Myrtengraben 1 Std., Abstieg nach Schottwien etwas länger (gelb). Kaum zu überbietende Fernsicht, Schneeberg und Rax liegen aufgeschlossen vor dem Beschauer.

Fadensteig, Bl. 16, Schneeberggebiet. Obwohl keinesfalls schwierig, sollten ihn zumindest Alleingänger und der Orientierung Unkundige meiden, da er am freien Rücken des Fadens zur Höhe hinanleitet und besonders Stürme sehr unangenehm werden können. Trotz reichlicher Pflockmarkierung (gelb) kann der Nebel so dicht sein, daß man von der Richtung abkommt. Durch den Doppelsessellift von Losenheim zur Sparbacherhütte bzw. zur Edelweißhütte erreicht man den Einstieg, ohne bereits ermüdet zu sein. Man steigt vorerst 200 m an, überwindet die Abstürze der Fadenwände (260 m) und legt am breiten Rücken unter dem Vestenkogel die immer noch zu bewältigenden 300 m Steigung zur Fischerhütte zurück. Insgesamt 2–2½ Std. Abstieg zur Endstation der Schneeberg-Zahnradbahn ¾ Std.

Fadenweg, Bl. 16, Schneeberggebiet. Im Gegensatz zum Fadensteig vollkommen unschwierige Wegverbindung (gelb) von der Sparbacherhütte bzw. Edelweißhütte zum Fleischer-Gedenkstein (-Kienthalerhütte) 2½ Std.

Falkenstein, 1013 m, Bl.10, felsiger Gipfel nördlich von Schwarzau im Gebirge, 1¼ Std., rot und blau, der eine ausgezeichnete Fernsicht bietet.

Falkensteinalm, 959 m, Bl. 18, westlich von Krampen (1½ Std.). Man zweigt, nach vielen Windungen von der für Pkw gesperrten Straße zum Eisernen Törl links auf ein Forststräßchen ab und hat nach ungefähr ½ Std. das aussichtsreiche Gelände der Falkensteinalm vor sich. Einfacher Gastbetrieb. Der Abstieg erfolgt wesentlich kürzer und steiler am nahen Kamm direkt ins Mürztal nach Lanau vor Mürzsteg.

Falkensteinhöhle, Bl. 19, 21, lohnend und bis ca. 50 m leicht begehbar, wenn die Treppen in Ordnung sind. Vom Hotel Orthof am Kreuzbergsträßchen Richtung Luckete Wand, dann links, rot. Die Höhle diente einst bei Kriegsgefahr als Zufluchtstätte für die Bewohner. An der Felswand des Falkensteins befindet sich das Gaiskirchl.

Farfel, Farfelwand, 1563 m, Bl. 18, Felsenge, über die der bezeichnete Weg von Neuberg auf die Hochfläche der Schneealpe führt; bis zum Schneealpenhaus 3½ Std., ebenso weit bis zur Michelbauer-Hütte.

Feiglkogl, 808 m, Bl. 3, Wegkreuzpunkt, auf dem sich der meist am Bergkamm verlaufende Höhenweg von Hocheck (langwierig) und der rot markierte Weg vom Kieneck (sehr mühsam, mit Gegensteigungen) treffen. Zugang vom Kaumberg 1¼ Std., bzw. über Araburg 1¾ Std.

Feistritzer Schwaig, 1438 m, Bl. 22, Sommergaststätte, liegt südlich des Höhenweges Kampsteiner Schwaig-Arabichl und ist in kleinem Umweg beidseitig erreichbar.

Feistritzsattel, 1290 m, Bl. 21, Sattelhöhe an der steirisch-niederösterreichischen Grenze, über den der rot bezeichnete Übergang vom Semmering zum Kampstein oder zum Hochwechsel, bzw. der rot bezeichnete Übergang vom Stuhleck-Pfaffensattel führt. Postauto im Sommer an Samstagen, Sonn- und Feiertagen von Wien Mitte.

Ferdinand-Mayr-Weg, Bl. 16, Schneebergebiet. Im Gegensatz zur Weichtalklamm allgemein gangbarer Weg, vom Weichtalhaus zur Kienthalerhütte 3 Std., gelb und rot. Gegen Wegende bei der Forststraße die Jakobsquelle.

Dr.-Ferdinand-Nagl-Haus, 1040 m, Bl. 12, Selbstversorgerhütte (18 Betten) des Österreichischen Touristenvereins unweit der Wilhelm-Eichert-Hütte.

Festenberg, 593 m, Bl. 4, Erhebung nahe ober dem Triestingtal beim Hafnerberg. Seinerzeit durch die Aussichtswarte sehr lohnend, heute Zugang nur noch von Hafnerberg aus möglich. Reste einer Burgruine auf dem Gipfel.

Finkenhaus, 553 m, Bl. 12, private Gaststätte am Mahleiten Berg in den Fischauer Bergen. Zugänge von Wöllersdorf und Bad Fischau 1–1¼ Std. Pkw-Zufahrt auf der Straße Bad Fischau–Dreistetten.

Fischauer Berge, Bl. 13, dieser Gebirgsstock ist der Hohen Wand vorgelagert und durch das breite Talbecken der sogenannten Neuen Welt getrennt, so daß sich von dem ganzen Höhenzug (500–600 m) die Felsabstürze der Hohen Wand wirkungsvoll ausnehmen. Es besteht die Möglichkeit, auf einem bezeichneten Höhenweg die Fischauer Berge von Winzendorf bis Wöllersdorf im Piestingtal zu durchqueren, wobei der Größenberg der einzige „600er" ist und auch der Mahleitenberg eine gerne besuchte Höhe darstellt. Zugänglich auch von Bad Fischau in einer Rundwanderung: Bad Fischau-Wöllersdorf-Finkenhaus-Größenberg-Eisensteinhöhle-Bad Fischau, die auch Pkw-Fahrer gern akzeptieren werden. Gehzeit 4-5 Std.

Fischerhütte, 2049 m, Bl. 16, siehe bei Kaiserstein.

Fischersteig, Bl. 16, viel begangene Anstiegsroute vom ehem. Baumgartnerhaus über die Kuhplagge (sehr lawinös, im Winter gefährlich) zur Endstation der Schneeberg-Zahnradbahn Hochschneeberg 1¼ Std., wo sich der Blick zu den beiden höchsten Erhebungen im Schneebergstock, dem Klosterwappen mit dem Gipfelkreuz und der Radarstation und dem Kaiserstein mit der Fischerhütte auftut. Rechts zum Hotel Hochschneeberg, links in 15 Min. zum Damböckhaus. Ein für einigermaßen Geübte unschwierige Variante bietet der steilere, jedoch kürzere Emmysteig.

Flatz, 461 m, Bl. 17, kleiner Ort 4 km nördlich von Ternitz. Zum Neunkirchner Naturfreundehaus 1 Std., über die Flatzer Wand 1½ Std.

Flatzer Wand, Bl. 17, Felsabbruch nördlich des Dorfes Flatz am Bergabhang der Höhe „Auf der Kehr" 790 m. Als Kletterschule und auch durch die Höhlen bekannt, besonders das „Lange Loch", das bereits 1904 durch den Touristenverein „Die Naturfreunde" zugänglich gemacht wurde. Auf der Flatzer Wand haben die Felsgeher einige markierte Routen zur Wahl. Von Ternitz bis Flatz 1½ Std., auch Straße, von dort zur Flatzer Wand 1 Std. oder zum Neunkirchner Naturfreundehaus 1½ Std. Mit Pkw Fahrt über Flatz bis zum Waldbauer, von dort ¾ Std. Flatzer Höhlen und Naturlehrpfad orange Prüfmarkierung.

Fleischer-Gedenkstein, 1528 m, Bl. 16, zur Erinnerung an den 1903 knapp unter dem Hochschwabgipfel bei einem Schneesturm tödlich verunglückten Obmann der Alpinen Gesellschaft „Voistaler" (heute Alpenvereinssektion) am Verbindungsweg Kienthalerhütte zum Fadenweg am Schneeberg.

Forellenhof, ca. 800 m, Bl. 11, Gaststätte 10 Min. ober Losenheim.

Fozeben, 755 m, Bl. 8, nördlich die Hohe Mandling, eine Wiese mit verfallenem Bauernhaus, wo nun die schmucke Mandling-Schihütte, eine zum Wochenende beaufsichtigte Selbstversorgerhütte des Österreichischen Alpenvereins steht. Kürzester Zugang von Mariahof im Feichtenbachtal 1 Std.

Franz-Jonas-Steig, Bl. 15, von den Wiener Naturfreunden errichteter Steig von Hinternaßwald auf den Gr. Sonnleitstein (rote Markierung). Äußerst lohnende Tour, keinerlei Schwierigkeiten.

Franz-Kaupe-Hütte, 1318 m, Bl. 22, ehem. Herrgottschnitzerhütte der gleichnamigen Alpinen Gesellschaft im Österreichischen Touristenverein, am Kampstein. Kürzester Anstieg von Unterberg (Postauto ab Aspang) 1½ Std., rot, dann gelb, oder von St. Peter 1½ Std., gelb. Von der Bergstation des Kampstein-Sesselliftes, 1249 m, ¼ Std. Übergänge zur

Kampsteiner Schwaig über den Kampsteingipfel ¾ Std., über den Schandlbauer nach Aspang, zum Teil Straße, 2½ Std.

Frauenluckensteig, Bl. 13, Hohe Wand, er zweigt von der Völlerin ab, kann aber nicht als leicht bezeichnet werden.

Freiland, 402 m, Bl. 1, Gabelung des Traisentales (sowie der Bahntrasse und Straße) nach Kernhof und Türnitz. Anstieg zur Lilienfelder Hütte 1½ Std., grün.

Dr.-Friedrich-Benesch-Gedenkstein, Bl. 19, dem verdienten Erschließer und unermüdlichen Werber für die Raxalpe (und auch für den Schneeberg) wurde unweit des Otto-Schutzhauses ein Gedenkstein errichtet. Dr. Benesch starb am 29. Juni 1949 im 82. Lebensjahr, er ist der Verfasser von acht Auflagen des bis heute unerreichten Raxführers (erstmals erschienen 1894).

Friedrich-Haller-Haus, 1250 m, Bl. 16, 20, auf der Knofeleben des Touristenvereines „Die Naturfreunde" ist nun auf den Anstiegsrouten von Payerbach und Kaiserbrunn zum Hotel Hochschneeberg die einzige Unterkunft, da das Baumgartnerhaus nicht mehr besteht. Anstieg von Payerbach 2½ Std., kürzer von der Haltestelle Baumgartner der Schneeberg-Zahnradbahn 2 Std.

Friedrichshütte, 1310 m, Bl. 21, bei der Bergstation der Hühnerkogel-Viererssesselbahn von Spital am Semmering.

Fröschnitzgraben, Bl. 21, langgestrecktes Tal, von dem Wege auf das Stuhleck und zum Fröschnitzsattel abzweigen.

Fröschnitzsattel, 1273 m, Bl. 21, Sattelhöhe an der steirisch-niederösterreichischen Grenze am Höhenweg (Weinweg) vom Sonnwendstein zum Kampstein oder zum Hochwechsel. Zugang auch von Steinhaus am Semmering durch den Fröschnitzgraben und dann steil, in 2¼ Std.

Furth, 422 m, Bl. 4, verstreute Ortsgemeinde südlich des Hochecks am Eingang des neun Kilometer langen Further Grabens, der sich bis zum Feiglkogel hinzieht. Zugang nach Furth von Weissenbach an der Triesting auf grün bezeichnetem, abwechslungsreichen Waldweg oder auf der Fahrstraße über Schromenau. In Furth zweigt die serpentinenreiche Mautstraße (Schranken öffnet sich nach Geldeinwurf) auf das Hocheck ab, die 615 m Höhe überwindet. Zu Fuß von Furth auf dem Krennweg auf das Hocheck in 1¾ Std.

Further Tal, Bl. 4, eines der längsten Täler im Voralpenland, man betritt es unmittelbar bei Weissenbach an der Triesting. Die Fahrstraße führt vorerst in die Schromenau, wo sich der Steinwandgraben abspaltet. Bald ist der liebliche kleine Ort Furth (mit der unrichtigen Beifügung „an der Triesting") erreicht, ein wichtiger Zugang (Mautstraße und Touristensteig) führt aufs Hocheck. Von dort verläuft das Further Tal in etwas nordwestlicher Richtung bis zum Feiglkogl, von Weissenbach 14 km. Zahlreiche kleine Gräben und Bäche münden ein, bedeutend ist der (im Anstieg) links abzweigende Staffgraben, der einen Zugang zum Kieneck vermittelt. Das letzte Stück des Further Grabens heißt Harrasgraben, man hat dann vom Feiglkogl mehrere touristische Varianten zur Wahl, siehe dortselbst.

Furthof, 466 m, Bl. 5, 6, Rotte im Traisental nördlich von Hohenberg. (Autobus und Bahnverbindung). Aufstiegsweg zur Reisalpe vom Ort weg. Durch das Schöntal 1 km nördlich davon kürzester Anstieg zum Türnitzer Höger.

Furtner-Wirtshaus, Bl. 7, ca. 750 km, im Fuchsgraben an der Straße von Rohr im Gebirge zur Sattelhöhe Haselrast. Von Rohr 5 km, von Gutenstein 3 Std.

Gahns, Der, ca. 1200 m, Bl. 20, ausgedehnte Hochfläche, die durch den Krummbachsattel mit dem Schneebergmassiv zusammenhängt, gilt aber auch zum Schneeberg gehörend. Ausgedehnte Wiesen (besonders die Bodenwiese), prächtige Hochwälder, faszinierend der Anblick des Hochschneebergs. Überaus lohnendes Wandergebiet, auch wenn man den Hauptstock des Schneebergs nicht berührt. Zugänge von Payerbach (steil), Schlöglmühl und Gloggnitz, aber auch von Pottschach, Ternitz, Sieding, Rohrbachgraben und am kürzesten von Prigglitz. Obwohl von Straßen durchzogen, dürfen Pkw nur bis ober Vöstenhof, Breitensohl oder Prigglitz vordringen.

Gahnsleiten, Bl. 20, der Südabfall der Gahns-Hochfläche; über sie führen von Reichenau, Payerbach, Schlöglmühl und Pottschach mehrere bezeichnete, zum Teil steile Wege zum Gahns hinan, von dem man sich zum Hochschneeberg begeben kann.

Gaisloch, 1260 m, Bl.19, Endpunkt des Felsgehern vorbehaltenen Gaislochsteiges, der aus dem großen Höllental zu den Gaislochböden auf dem Raxplateau führt. Vom Weichtalhaus 3 Std. Vom ÖTK betreut.

Gaißkirchl (Mariengrotte), 1013 m, Bl. 21, an der Felswand des Falkensteins. Durch Steiganlage leicht zugänglich. Wallfahrtsstätte, Unterschlupf bei Schlechtwetter. Vom Hotel Orthof 20 Min. oder von der Kalten Rinne 40 Min.

Gaiskopf, Kleiner und Großer, 853 und 1006 m, Bl. 7, besonders der Kleine Gaiskopf war lohnend, von Gutenstein Ort 1½ Std., die Wege bestehen kaum mehr, siehe auch bei Gutenstein. Man gelangt gerade noch auf den Bergkamm.

Gaisruck, 1074 m, Bl 4, 8, eine der kaum in Erscheinung tretenden Bergkuppen am Höhenweg von Furth an der Triesting auf das Kieneck, 3 Std.

Gaisstein, 974 m, Bl 4, markante felsige Höhe zwischen dem Steinwandgraben und Further Graben, die beim Anmarsch von Weissenbach an der Triesting ins Blickfeld tritt.

Gamseckerhütte, 1330 m, Bl.19, unbewirtschaftete Schutzhütte der Alpinen Gesellschaft Gamsecker auf der Raxalpe am Anstiegsweg vom Naßkamm zum Zahmen Gamseck. Daneben die Zimmermannhütte der gleichen Gesellschaft.

Gamsecksteig (Zahmes Gamseck), Bl. 19, dieser im Jahre 1876 vom Österreichischen Touristenklub angelegte Steig auf die Raxalpe ist zwar reichlich versichert, bleibt aber doch Schwindelfreien vorbehalten. Im Reißtal beginnend, begibt man sich vorerst auf den Naßkamm, wendet sich südöstlich zum Gamsecker Tal und zum aussichtsreichen Sattel auf den Hohen Gupf (1489 m), wo die Wände schon sehr nahe sind. Dann folgen die Versicherungen und durch einen kaminähnlichen Felsenriß gelangt man auf die Hochfläche. Vom Naßkamm (2 Std. von Hinternaßwald) 3 Std., vom Ausstieg zum Carl-Ludwig-Haus ¾ Std., einschließlich der Heukuppe 1¼ Std. ,

Gasteil, 710 m, Häusergruppe an der Straße vom Gahns nach Prigglitz. Dort Bildhaueratelier Seidl mit Freiluftgalerie. Kürzester Anstieg zur Pottschacher-Hütte. Von Prigglitz ½ Std. Schöner Höhenweg von Pottschach nach Payerbach 4–5 Std.

Gauermannhütte, 1154 m, Bl. 12, auf dem Kamm der Dürren Wand, am 1154 m hohen Plattenstein (nicht die höchste Erhebung) im Jahre 1908 erbaut. Meist nur zu den Wochenenden bewirtschaftet. Sie trägt den Namen des 1807 in Miesenbach in Niederösterreich geborenen Alpenmalers Friedrich Gauermann. Zugänge von Miesenbach 2½ Std. oder von Pernitz im Piestingtal 3 Std., auch von Puchberg am Schneeberg 2½ Std.

Geländ, auch Am Geländ, 1023 m, Bl. 12, wenn auch als selbständige, gut ausgeprägte Höhe besonders von Grünbach und Puchberg am Schneeberg zu erkennen, rechnet man diesen Gipfel, auf dem ein privates Schutzhaus steht, doch noch zum langgestreckten Höhenzug der Hohen Wand. Westlich vom Großen Plackles senkt sich der Bergkamm zum 868 m hohen Rastkreuzsattel ab (Scheibenhütte, Gaststätte), um von ihm zum Geländ wieder 155 m Höhe zu gewinnen. Kürzester Anstieg vom Grünbacher Sattel (nächste Haltestelle Grünbach Kohlenbergwerk) in 1½ Std. Faszinierender und nächster Anblick des gewaltigen Schneebergmassivs.

Gerichtsberg, 581 m, Bl. 3, Sattelhöhe des den Wienerwald begrenzenden Triestingtales und des westwärts ziehenden Gölsentales. Bester und wegen der Höhenlage kürzester Zugang zur Araburg. 799 m, wo eine Touristenherberge des Österreichischen Touristenklubs besteht (keine Nächtigungsmöglichkeit) und auf den Araberg. Von dort mehrere Übergänge ins Further Tal (Furth-Weissenbach), über Bettelmannskreuz nach Pernitz sowie über den Raingupf zur Enzianhütte auf dem Kieneck.

Geyer, 484 m, Bl. 8, Niederlassung am Ende des Feichtenbachtales, das sich bei Ortmann vom Piestingtal abspaltet und nach 4 km zum Erholungsheim ober Geyer vorerst führt. Fahrstraße. Von dort Übergänge zur Sattelhöhe „Auf dem Hals", zum Waxeneckhaus und nach Pottenstein, sowie über den Geyersattel nach Berndorf.

Geyersattel, 600 m, Bl. 9, Kreuzungspunkt von fünf markierten Wegen ober Geyer.

Gfieder, 609 m, Bl. 17, Aussichtswarte, von der Bahn und der Straße Neunkirchen-Payerbach gut sichtbar, lohnend, von Ternitz 50 Min. Abstieg nach Pottschach ¾ Std. oder auf Höhenwegen über den Gahns und zum Schneeberg 4–5 Std. Vom ÖTK betreut.

Gippel, 1669 m, Bl. 14, markante felsige Höhe, deren Abstürze man von vielen Bergen der Voralpen gut ausnimmt. Sehr lohnender Berg, jedoch mühsam, besonders als Tagestour von Wien. Vom 20. September bis 15. Oktober und vom 15. November bis 15. Dezember ist aus Jagdgründen mit Beschränkungen zu rechnen (Sprinzensteinsche Forstverwaltung), auch in der übrigen Zeit ist das Gipfelgebiet nur auf zwei Wegen zugänglich: a) von Kernhof, Endpunkt der Traisentalstrecke, gegenwärtig Verkehr nur bis St. Aegyd Markt, vorerst Anstieg zum Waldhüttsattel, 1266 m, 1¾ Std, dann über die Hofalm-Gamsmauer-Pollwischalm und zuletzt auf dem Majewskisteig auf den Gipfel, vom Sattel noch 2½–3 Std., b) von St. Aegyd durch das Weißenbachthal in 1½ Std. zum Gehöft Zögernitz, dann auf dem Treibsteig zum Gippeltürl und auf den Gippel, von Zögernitz noch 3 Std.

Gippelalm, 1500 m, Bl. 14, 20 Min. unter dem Gippeltürl, im Sommer sind dort meist Getränke erhältlich.

Gippelmauer, 1605 m, Bl. 14, gegen Osten sich hinziehender felsiger Grat, der für Felsgeher vom Preinecksattel einen Zugang zum Gippel bildet, dessen Begehung nicht ganz leicht und meist weglos ist. (Vorsicht! Jagdgebiet).

Gippeltörl (auch Gippeltürl), Bl. 14, torartige Scharte, schon vom Treibsteig aus wahrnehmbar, die man beim Anstieg vom Weißenbachthal überschreitet, bevor man das letzte Stück auf den höchsten Punkt des Gippel zurücklegt.

Gloggnitz, 457 m, Bl. 20, in breitem Talboden gelegen, allseits von ansprechenden Bergen umrahmt, hat die Stadt erst seit 31. Mai 1959, dem Tag der Fertigstellung der Elektrifizierung der Semmeringbahn ihre volle Schönheit gewonnen, denn bis zu diesem Zeitpunkt war ihr Kern durch die stets in Bereitschaft stehenden qualmenden Dampfloks, die als Vorspann für die Bergzüge dienten, in Rauch und Wolken gehüllt, und erst als man den verbauten Teil verlassen hatte, zeigte sie sich als lieblicher Flecken inmitten der bezaubernden Voralpen. An den Höhen nimmt man die Burg Wartenstein und Schloß Kranichberg wahr. Ein gut eingerichteter Postautoverkehr ermöglicht auch dem Nichtmotorisierten ein rasches Eindringen in die Täler und besonders in die Bucklige Welt. Nördlich nach Prigglitz, dem Ausgangspunkt für den Gahns, südlich nach Kranichberg, Raach am Hochgebirge, Schlagl und nach Kirchberg am Wechsel. Auch Maria Schutz erreicht man rascher mit dem Postauto Gloggnitz-Semmering.
Unmittelbar am Bahnhof beginnen markierte Wege nach Silbersberg-Prigglitz 1½ Std., gelb, dann rot; in den Vororten Enzenreith und Hart nehmen die Wege nach Raach am Hochgebirge (Tafeln am Bahnhofvorplatz) ihren Anfang.

Gloggnitzer Hütte, 1548 m, Bl. 19, auf der Hochfläche der Raxalpe, unter dem Klobentörl am Beginn des Großen Kesselgrabens. Nur Winterwochenendbetrieb ausschließlich für die Kesselgrabenschifahrer.

Göbl-Kühn-Steig, Bl. 19, gelb bezeichneter, zum Teil mitten durch die Zirben verlaufender Steig auf der Raxalpe, oberhalb der Blechmauern. Vom Waxriegelhaus des Touristenvereines „Die Naturfreunde" vorerst 10 Min. östlich, dann zur Holzknechthütte 1¼ Std.

Goldloch am Türnitzer Höger, Bl. 5, 100 m nordöstlich unterhalb der Türnitzer Hütte im steilen Nordhang. Mehrere kleine und kleinste Höhlen. Wiederholt Schilderung von Begehungen im „Gebirgsfreund", den Mitteilungen der AV-Sektion Österreichischer Gebirgsverein.

Göller, 1766 m, Bl. 14, weithin sichtbarer mächtiger Berg, der eine große Hochfläche aufweist und im Gegensatz zu seinem felsigen Nachbarn, dem Gippel, nur südwärts in zum Teil steilen Felswänden abbricht. Er ist auf den wenigen markierten Wegen leicht ersteigbar, von Wien als Tagestour nur bei rüstigem Ausschreiten. Eine lohnende Rundtour siehe unter Autofahrten. Der Göller (und der Gippel) sind Jagdgebiete, in den Herbstmonaten ist mit Beschränkungen zu rechnen. Auf dem Gipfel steht ein weithin sichtbares Kreuz. Der übliche Zugangsweg beginnt in Kernhof (seinerzeitiger Endpunkt der Traisentalbahn), man ersteigt vorerst den 1266 m hohen Waldhüttsattel, 1¾ Std. und biegt dort rechts zur Göllerhütte ab, ½ Std. Bis auf den Gipfel muß man noch mit 1½ Std. rechnen, die Route führt an der Kammschneide über den Kleinen Göller empor. Der zweite Anstieg nimmt beim Kernhofer Gscheid

(Postauto ab Wien im Sommer, aber Ankunft für eine Tagestour etwas spät) seinen Anfang, von wo aus auch Übergänge möglich sind. Der Weg, gut rot markiert, beginnt nicht beim Gasthaus, sondern weiter oben auf der Sattelhöhe gegenüber der Kirche und leitet auf der Kammschneide empor (Wildzäune), bis beim markanten Gsenger, 1442 m, 1½ Std., der eigentliche Anstieg auf den bereits sichtbaren höchsten Punkt anfängt, noch 1 Std. Die dritte Anstiegsroute beginnt in Lahnsattel (Häusergruppe), Postauto ab Wien im Sommer, und weist auf einer Forststraße ober dem Saugraben zum Waldhüttsattel. Auch der Übergang Lahnsattel-Waldhüttsattel-Kernhof, 3 Std., ist schon wegen des Blickes zu den imponierenden Südabstürzen des Göller lohnend. Ein direkter Jägersteig vom Lahnsattel über den Karlriegel ist nicht bezeichnet und verboten.

Göllerhütte, 1440 m, Bl. 14, Schutzhaus des Touristenvereins „Die Naturfreunde" am Weg vom Waldhüttsattel ½ Std., auf den Göller noch 1½ Std. Während der Jagdzeiten nicht zugänglich, siehe bei Göller.

Gölsental, Bl. 2, von der Sattelhöhe Gerichtsberg gegen Westen verlaufender Einschnitt, von der Gölsen durchflossen, die bei Traisen in den gleichnamigen Nebenfluß der Donau mündet. Das Gölsental trennt den südwestlichen Wienerwald und die Traisentalberge.

Gösing, 898 m, Bl. 17, markanter Berg, hoch über dem Tal der Sierning (Puchberg am Schneeberg-Ternitz). Am kürzesten vom Neunkirchner Naturfreundehaus in 25 Min. erreichbar. Von Ternitz 1¾ Std.

Göstritz, 720 m, Bl. 21, Dorf südlich von Schottwien an der Mündung des Göstritzgrabens. Rot bezeichneter Übergang zur Schanzkapelle und nach Schlagl-Raach am Hochgebirge. Von Schottwien 40 Min. weiter zur Schanzkapelle ¾ Std.

Gotschakogel, 760 m, Bl. 20, oben die Kapelle Maria Taferl, markierter Rundgang ¾ Std. Zugang vom Bhf. Eichberg ½ Std.

Grabenweg, 402 m, Bl. 4, 8, 9, einsam gelegene Häusergruppe im Grabenweggraben, der über den 662 m hohen Halssattel eine Verbindung vom Triestingtal ins Piestingtal ermöglicht. Nur im Sommer von der Postautolinie Wien-Mariazell über Gutenstein befahren.

Grafenbergweg, Bl. 12, meistbegangener, gänzlich unschwieriger Weg von Grünbach zur Wilhelm-Eichert-Hütte, 1½ Std., auf die Hohe Wand.

Grafensteige, Bl. 16, Schneeberggebiet, siehe unter Nördlicher und Südlicher Grafensteig.

Grasbodenalm, 1657 m, Bl. 19, Almböden um den Bärengraben auf der Raxalpe, der sich von den Kahlmäuern bis zum Carl-Ludwig-Haus hinzieht. In den Bärengraben münden die sehr ausgesetzte Wildfährte und der noch schwierigere Steig durch das Bärenloch.

Grassingerhütte, auch Ternitzer Hütte, 1200 m, Bl. 16, im Sommer beaufsichtigte Selbstversorgerhütte des Touristenvereines „Die Naturfreunde". Von der Haltestelle Ternitzer Hütte der Schneeberg-Zahnradbahn ¼ Std.

Gretchensteig, Bl. 19, grün bezeichneter Steig, einige Versicherungen (Drahtseile), auf die Hochfläche der Raxalpe. Vom Preiner Gscheid über Reißtaler Hütte zum Carl-Ludwig-Haus 3 Std. Für einigermaßen Geübte nicht schwierig.

Griesleitenhof, 843 m, Bl. 19, keine Gaststätte mehr im gleichnamigen Taleinschnitt, von Prein 3 km. Übergang zum Waxriegelhaus auf der Raxalpe 1½ Std., gelb.

Grillenberg, 356 m, Bl. 9, freundlich gelegenes Dorf 2 km südlich von Berndorf, das einst für die Pechindustrie eine Rolle gespielt hat. Grillenberg liegt im gleichnamigen Tal, durch das der vielbegangene Anstieg auf die Hohe Mandling und zur Berndorfer Hütte ausgeführt wird, von Grillenberg 2½ Std. Auch über den Geyersattel ins Feichtenbachtal und nach Pernitz, sowie zur Sattelhöhe Auf den Hals.

Großau, Bl. 19, Taleinschnitt, der sich von Dörfl im Preiner Tal gegen die Preiner Wand der Raxalpe hinzieht. Gegensatzreiche Ausblicke zu den Abstürzen der Preiner Wand. Die anschließenden Steige, der rot markierte Weg zum Preiner-Wand-Steig und zum Holzknechtsteig, führen weiter oben vielfach in Schutt, sie sind schwer instand zu halten, ihre Begehung ist zumindest mühevoll. Anstiegszeit vom Dorf Großau zur Hochfläche 3 Std.

Große Kanzel, 1052 m, Bl. 12, dort das 1969 eingeweihte mächtige Gedenkkreuz für den Erschließer der Hohen Wand, Domprälat Dr. Alois Wildenauer. Herrlicher Anblick des Schneebergs, liebliche Schau ins Tal zur Trasse der Schneebergbahn von Willendorf bis zum Grünbacher Sattel. In der Nähe die Wilhelm-Eichert-Hütte des Österreichischen Touristenklubs. Sie ist die älteste Schutzhütte auf der Hohen Wand und ein wichtiger Stützpunkt, da dort mehrere Klettersteige enden.

Große Klause (Waldegger Klause), Bl. 12, 13, für geübte Bergsteiger nicht schwierig, zahlreiche Sicherungen, viel begangener Anstieg auf das Plateau der Hohen Wand aus dem Piestingtal. Vom Bahnhof Waldegg ¾ Std. bis zur Mündung der Felsschlucht. Auf Tritten und Leitern gewinnt man rasch an Höhe und gelangt in den Saugraben, doch wird man meist der blauen Markierung rechts zur Waldegger Hütte folgen, wenn man eine Überschreitung der Hochfläche im Sinn hat. Vom ÖTK betreut.

Größenberg, 605 m, Bl. 13, einer der wenig markanten Gipfel in den Fischauer Bergen, der dennoch wegen der prächtigen Föhrenwälder einen Besuch verdient, um so mehr, als die zu meisternden Höhen 300 m Steigung nirgends überschreiten. Lohnende, ungefähr dreistündige Wanderung, unmittelbar in Winzendorf beim Eingang zur Prossetschlucht beginnend, auf den Größenberg 1¼ Std.-Burgstall ½ Std.-Mahleitenberg 1 Std.-Wöllersdorf.

Großer Kesselgraben, Bl. 15, 19, die beliebteste Schiabfahrtsroute auf der Raxalpe vom Klobentörl in das Höllental, aber auch – trotz der Länge, 3½ Gehstunden – hochinteressanter und romantischer Weg, blau bezeichnet, abirren kaum möglich. Stellenweise meint man, sich in einer Urwaldlandschaft zu bewegen, die hohen Wände und der finstere Hochwald bieten eine stets wechselnde Kulisse.

Großer Kitzberg, 771 m, Bl. 8, aussichtsreiche Erhebung südlich der Gutensteiner Straße und Bahnstrecke Miesenbach-Pernitz. Der geringe Höhenunterschied von 340 m erlaubt von den beiden genannten Orten die Ersteigung in 1¼ bis 1½ Std., von Waidmannsfeld in kaum 1 Std. Südöstlich des Gipfels steht die Rudolf-Fordinal-Hütte (720 m), die gern besucht wird, da ein grün markierter, aussichtsreicher Weg den Übergang von Piesting zur Bahnhaltestelle Miesenbach oder umgekehrt, 1¾ Std. ermöglicht.

Großes Höllental, Bl. 15, 19, es wird kaum einen Raxbesucher geben, der bei Betreten dieses engen Taleinschnittes, der links von der Loswand, rechts von der Klobenwand flankiert ist, von der Pracht und Schönheit, aber auch vom Ernst und der Gewalt dieser dunklen, düsteren, romantischen und heroischen Landschaft unbeeindruckt bleibt. Auch wenn man keinen der mehr als hundert im Großen Höllental ihren Ausgang nehmenden Klettersteige begehen will oder kann, ist die ca. 1½ stündige Wanderung zum Talschluß zu empfehlen.

Grünbach am Schneeberg, 557 m, Bl. 12, 17, der Bahnhof liegt eigentlich bei den wenigen Häusern von Neusiedl am Walde, der Ort Grünbach ist ¼ Std. entfernt. Noch erinnern die Knappenhäuser und einige technische Anlagen sowie besonders die Schlacken- und Schuttkegel an die nicht unbedeutenden Kohlengruben; die Arbeit der Hauer hat nach dem Zweiten Weltkrieg zur Linderung des Kohlenmangels nicht wenig beigetragen und die erste Not gebannt. Heute sind die nicht sehr ergiebigen Flötze (Steinkohle) längst stillgelegt, die Bewohner müssen oft sehr weit pendeln.

Grünbach-Klaus, 678 m, Bl. 12, 17, aufgelassene Haltestelle der Schneebergbahn unmittelbar am Grünbacher Sattel, ihrem höchsten Punkt. Nun von der Haltestelle Grünbach-Kohlenwerk, 1 km. Die Sattelhöhe hat für die Ersteigung des Geländ, 1023 m, und für Wanderungen auf die Hohe Wand, auf den Himberg sowie zum Strengberg einige Bedeutung.

Grünbacher Hütte, Bl. 12, private Schutzhütte auf der Hochfläche der Hohen Wand, von der Wilhelm-Eichert-Hütte ¼ Std.

Grünbacher Sattel, 678 m, Bl. 12, 17, höchster Punkt der Schneebergbahn, nächstgelegene Haltestelle Grünbach-Kohlenwerk. Zugang zum Rastkreuzsattel 40 Min.

Grünschacher, Bl. 19, heißt jener Teil der Hochfläche der Raxalpe, der westlich an das Otto-Schutzhaus anschließt und sich gegen die Lechnermauern und zur Scheibwaldhöhe hinzieht. Lohnende Rundwanderung: Otto-Schutzhaus-Jakobskogel-Holzknechthütte-Grünschacher-Otto-Schutzhaus 3 Std., auch für Seilbahnfahrer sehr geeignete Tour.

Gschaiderwirt, 643 m, Bl. 10, an der Straße von Schwarzau im Gebirge nach Rohr im Gebirge bei der Einmündung des Paxbaches.

Gscheid-Wirtshaus, 940 m, Bl. 14, Gaststätte unter dem Kernhofer Gscheid (Knollenhals); von Kernhof durch das Keertal 7 km, im Sommer Postauto. Ausgangspunkt für die Ersteigung des Göller 2½–3 Std. und für den mehr als Spaziergang zu betrachtenden Übergang am Ufer der Unrecht Traisen nach St. Aegyd am Neuwald, 2½ Std. In der Nähe Schlepplift.

Gscheidboden, 910 m, Bl. 6, Sattelhöhe am blau bezeichneten Zellersteig, der südlich der Gippelmauer und des Gippel zum Lahnsattel führt (von Schwarzau im Gebirge bis Lahnsattel 6 Std.)

Gschwendthütte, 1072 m, Bl. 5, zum Wochenende bewirtschaftete Schutzhütte des Touristenvereines „Die Naturfreunde" am Gschwendt, westlich von Hohenberg (Traisental durch das Steinparztal 2¼ Std. Übergang zur Türnitzer Hütte auf den Türnitzer Höger 2½ Std. und Abstieg nach Türnitz 3 Std. Zur Zdarskyhütte über die Paulmauer 1¾ Std.

Gsenger, 1442 m, Bl. 14, äußerst lohnender und aussichtsreicher Vorgipfel des Göller beim Anstieg vom Kernhofer Gscheid, 1½ Std; auf den Göller noch 1 Std. Auch ohne Göller lohnend.

Gsolhirn, 1547 m, Bl. 19, am östlichsten Rand der Hochfläche der Raxalpe, dort die Bergstation der Raxseilbahn. Herrliche Fernsicht. Bekannt ist auch die Gsolhirn-Schiabfahrt, die zum Knappenhof führt, aber nicht als leicht bezeichnet werden kann.

Gsolhirnsteig, Bl. 19, einzige Wegverbindung, die die Raxbahntrasse quert. Vom Hotel Knappenhof blau zum Einschnitt der Gsolwiese und in Kehren zu einem Aussichtspunkt, bei dem die Brandschneide endet, dann zur Bergstation oder direkt zum Ottohaus. 2½–3 Std.

Guglzipf, 472 m, Bl. 9, vollkommen von Wald beherrschte Höhe (Aussichtswarte) östlich von Berndorf, markierter Anstiegsweg. Übergangsmöglichkeit nach Kleinfeld-Enzesfeld 2½ Std. oder zu der Bahnhaltestelle St. Veit an der Triesting 1¼ Std., in den Ort noch 20 Min. Der Guglzipf erhebt sich 160 m ober Berndorf. Pkw-Fahrer, die in Berndorf parken, schließen vom Guglzipf, ¾ Std., am besten eine Rundwanderung Aichkreuz-Jauling-Kleinfeld-Veitsau-Berndorf an; ab Guglzipf 3 Std.

Gustav-Jahn-Steig, Bl. 19. Mit eigenen Kräften haben die Mitglieder der Währinger „Naturfreunde" den so beliebten Gustav-Jahn-Steig auf der Raxalpe, der oberhalb der Söldnerwand vom Gaislochboden zum Alpenvereinssteig führt, in Ordnung gebracht. Er ist trotzdem nur schwindelfreien Bergsteigern vorbehalten, denn ungeachtet der Sicherungen ist er sehr ausgesetzt. Zugang entweder aus dem Großen Höllental oder von der Bergstation der Raxseilbahn, an der Höllentalaussicht vorbei (blau/grün/rot). Dauer der Begehung ca. 1 Std.

Gutenmann, ca. 780 m, Bl. 17, Bauerngehöft und Gaststätte „Zum guten Mann" am Übergang vom Himberg zum Neunkirchner Naturfreundehaus und zur Flatzer Wand. Straße von Grünbach. Straße vom Sierningbachtal nach Grünbach am Schneeberg durchgehend befahrbar.

Gutenstein, 481 m, Bl. 11, ungemein reizvoll von herrlichen Wäldern umgebener Markt, der von Ausflüglern immer wieder gern aufgesucht wird, obwohl diesen, außer den anspruchsvollen Touren auf den Unterberg und auf die Dürre Wand sowie auf den Öhler und den Schober und schließlich der Übergang zur Mamauwiese (Schneeberggebiet) und nach Puchberg am Schneeberg, nur wenige Ziele zur Verfügung stehen, die auf markierten Wegen erreichbar wären.
Gutenstein ist der Endpunkt der Piestingtalbahn (der Bahnhof liegt 2 km außerhalb in Vorderbruck), im Sommer besteht ein täglicher Postautodienst von Wien. Ab 1991 stündlicher Taktverkehr der ÖBB. In Gutenstein vereinigen sich die Steinapiesting, die Längapiesting und die als Kalter Gang bezeichnete Piesting (Klostertaler Bach) zu jener Piesting, die dann dem bei Steinabrückl auslaufenden Tal den Namen gegeben hat.
Für einen kleinen Ausflug wäre der Theresiensteig zu empfehlen. Von der Eleonorenvilla durch Föhrenwald zu einem aussichtsreichen Punkt und dann in die Steinapiesting in Nähe der Langen Brücke bei der Feste Gutenstein, ein Lieblingsaufenthalt Friedrich des Schönen von Österreich, der dort 1330 starb, vorerst in der Kartause in Mauerbach und dann in der Fürstengruft von St. Stephan seine Ruhe fand. Das Ziel der Gutenstein-Wallfahrer ist der 708 m hohe Mariahilf Berg, auch eine Autostraße führt hinauf. Das der Kirche angeschlossene Servitenkloster wurde 1668 erbaut. Spazierwege erlauben mühelose, doch sehr aussichtsreiche Rundgänge (Naturlehrpfad), lohnend ist der Abstieg ins Klostertal und nach Gutenstein zurück. Im Friedhof von Gutenstein, am Abhang des Mariahilf Berges idyllisch gelegen, befindet sich das Grab des österreichischen Dichters Ferdinand Raimund, der

Gutenstein so geliebt hat („... ist dies das holde Tal von Gutenstein, das die Natur zum Landschaftssaal erwählte ..."), der 1836 in Pottenstein durch Selbstmord endete (Raimund Gedenkstätte). Bemerkenswert ist auch die Grabstätte Dr. Rudolf Tyrolts, der schon seit 1929 dort ruht und an dessen Gestalten in „Lolos Vater", „Großstadtluft", „Familie Schimek" und vor allem als Schalanter im „Vierten Gebot" sich naturgemäß nur noch wenige Theaterfreunde erinnern werden. Auch die Gräber des Dichters Hans Kaltneker und des Schriftstellers Richard Smekal wird man ohne viel Mühe finden. In der alten Hofmühle, in der Ortsmitte befindet sich das besuchenswerte Waldbauernmuseum.

Haakogel, 885 m, Bl. 19, markante Höhe südlich von Prein, auf steilem, rot markiertem Weg ¾ Std. Übergang zur Lucketen Wand und zur Semmeringbahnstrecke.

Habsburghaus, 1785 m, Bl. 19, westlich der Scheibwaldhöhe auf der Raxalpe, der AV-Sektion Österreichischer Gebirgsverein, Großes Schutzhaus, dessen Zugang durch die aus Quellenschutzgründen erfolgte Sperre des Reißtales erschwert wurde und nunmehr von Hinternaßwald (bis dorthin Fahrmöglichkeit) 3½ Std. beträgt. Kaum kürzer vom Preiner Gscheid auf dem Schlangenweg am Carl-Ludwig-Haus (2½ Std.) vorbei, oder von der Bergstation der Raxbahn 3 Std. Vom Habsburghaus auf die Heukuppe 2 Std., doch ist vorerst der Abstieg zur Grasbodenalm erforderlich (gelb).

Hackermulde, Bl. 16, ca. 2 km lange ovale Mulde unter dem scharf ausgeprägten Kamm Kaiserstein-Klosterwappen. Ämilius Hacker verunglückte dort mit 9 Schifahrern im März 1912 tödlich.

Hafnerberg, 478 m, Bl. 4, Wallfahrtsort an der Straße Alland-Altenmarkt an der Triesting, die früher viel von den Wiener Wallfahrern nach Mariazell begangen wurde. Postauto ab Wien (Mariazeller Linie) Die hochgelegene Barockkirche mit schönem Deckengemälde wurde von einem Wiener Sattlermeister gestiftet.

Hainfeld, 439 m, Bl. 3, aufstrebende Stadt, die zu Ende des Zweiten Weltkrieges besonders hart mitgenommen worden war. Im breiten Tal der jungen Gölsen gelegen, schmiegen sich die Wiesenflächen an die bewaldeten Berglehnen und schaffen so ein buntes Bild. Auch die Pfarrkirche mit dem gotischen Chor ist bemerkenswert. Ein nahes Ausflugsziel ist südlich der Kirchenberg, 1½ Std. noch kürzer ist es bis zur Liasnböndlhütte. Der Anstieg auf den Schöpfl beansprucht an die 5 Stunden.

Hainfelder Hütte, Bl. 2, 3, auf dem Kirchenberg, siehe dortselbst.

Halbachgscheid, ca. 750 m, Bl. 6, 10, Sattelhöhe an der Halbachstraße nördlich der Kalten Kuchl. (Kleinzell-Kalte Kuchl-Schwarzau im Gebirge).

Hallerhaus, 1350 m, Bl. 22, zweistöckiges Schutzhaus der Alpinen Gesellschaft „Die Haller", das am kürzesten von der Bergstation des Bergliftes Mönichkirchen in 40 Min. erreichbar ist. Von Mönichkirchen Ort 1¼ Std. Vom Hallerhaus auf den Hochwechsel 2¼ Std.

Hallourhöhle, Bl. 8, 9, unweit des Waxeneckkammes, zugänglich von Geyer, Grabenweg und Steinhof bei Berndorf. Vom Höhenweg Waxeneckhaus-Pottenstein bzw. Berndorf zweigt nach ¾ Std. rechts ein rot markierter Weg ab, der nach zweimaliger Wendung zur Hallourhöhle führt. Nach einer Steilstufe bei einem mit Kalk verschmierten Baum rechts 10 Min. vorerst auf dürftigem Steig, dann zu den Felsen empor. In dieser Höhle, die sehenswert ist, sollen einst Steinzeitmenschen gehaust haben.

Handlesberg, 1370 m, Bl. 10, felsiger, aussichtsreicher Gipfel nordöstlich von Schwarzau im Gebirge, 2¼ Std. Von dort Übergänge a) durch die Pax zum Gschaiderwirt (Schwarzau im Gebirge-Rohr im Gebirge) 2½ Std., oder b) in die Vois 2¼ Std.

Hans Nemecek-Rettungshütte, 1858 m, Bl. 19, unter dem Trinksteinsattel bei der Raxgmoahütte auf der Raxalpe.

Hanselsteig, Bl. 13, Hohe Wand. Versicherter Steig, klettertechnische Kenntnisse und Schwindelfreiheit sind unabdingbar, obwohl man ihn dank der vielen Sicherungen (durch den Spenglermeister Johann Hansel) nicht als schwierig bezeichnen möchte. Mehrere Drahtseile, auch eiserne Tritte und Leitern. Der Anstieg beginnt beim Hotel Loderhof (1 km nordöstlich von Stollhof, wohin man vom Bahnhof Winzendorf der Schneebergbahn in 1½ Std. gelangt). Die Steigbegehung erfordert 1½, aber auch 2 Std. Der Steig endet beim ehemaligen Hanselsteighaus in 850 m Höhe, wo man sich einer herrlichen Aussicht erfreut. Vom ÖTK betreut.

Hansenriegel-Schihütte, ca. 1320 m, Bl. 16, privat, am Nördlichen Grafensteig nördlich der Breiten Ries. Von der Edelweiß- und Sparbacherhütte 1 Std.

Hasberg, 796 m, Bl. 3, bewaldete Höhe ober der Annentalsiedlung im Gaupmannsgraben (Zufahrt ab Hainfeld über Ramsau, auch Postauto). Der Hasberg ist das Ziel einer prächtigen Wald-Rundwanderung ab Adamstal.

Haselrast, 778 m, Bl. 7, Sattelhöhe der Straße von Gutenstein durch das Steinapiestingtal in den Fuchsgraben und nach Rohr im Gebirge.

Hauslitzsattel, 830 m, Bl. 16, Haltestelle der Schneeberg-Zahnradbahn, ausschließlich für den Abstieg zur Ortschaft Rohrbachgraben, zu der man auf diese Weise rascher kommt als von Puchberg am Schneeberg, ¾ Std. statt 1½ Std.

Heinrich-Krempel-Rettungshütte, 1501 m, Bl. 16, oberhalb der Kienthalerhütte.

Heinzelmännchen-Weg, 484 m, Bl. 20, sehr willkommener Abkürzungssteig direkt vom Bahnhof Payerbach unmittelbar neben der Bahntrasse zum Ort Werning, 15 Min., von dort Anstieg zur Jubiläumsaussicht 1½ Std. und zur Waldburgangerhütte noch ¾ Std.

Hengsthütte, 1012 m, Bl. 16, Haltestelle der Schneeberg-Zahnradbahn, 5 km von Puchberg.

Henninger, 485 m, Bl. 9, markanter Kreuzungspunkt des Höhenweges Auf dem Hart, rot und dem ebenso bezeichneten Weg Markt Piesting-Lindabrunn.

Hermann-Rudolfs-Hütte, 1073 m, Bl. 2, derzeit Kinderheim.

Herminensteige, Bl. 16, auf der Puchberger Seite des Schneebergs. Der Untere Herminensteig zweigt vom Mieseltal ab und leitet zum Nördlichen Grafensteig. Er ist mit Ausnahme einer Kletterstelle, die auch umgangen werden kann, nicht schwierig. Nach einer 700 m langen Begehung des Nördlichen Grafensteiges, Richtung Nordwest, setzt der Obere Herminensteig ein, der auf dem Felsgrat des Begrenzungsrückens des Schneidergrabens verläuft und einige klettertechnische Kenntnisse verlangt.

Hernstein, 438 m, Bl. 9, auf breitem Wiesenhang gelegenes Dorf nördlich des Piestingtales. Sehenswert wäre das nahe Schloß mit dem Teich, das durch den dänischen Baumeister Theophil Hansen im Auftrag von Erzherzog Leopold 1856–1880 erbaut wurde. Das Schloß ist heute Privateigentum der Kammer der gewerblichen Wirtschaft und dient als Institut für Unternehmensführung. Der Eintritt ist nicht gestattet, doch kann man den berückenden Renaissancebau vom Eingang vor sich. Für Wanderer zwei prächtige Waldzugänge über den Henninger sowohl von Lindabrunn (Bahnstation Enzesfeld-Lindabrunn der Triestingtalbahn unweit von Leobersdorf) wie von Steinabrückl. Der zweite Teil „Auf dem Hart" führt in fast 500 m Höhe zum Stadtkreuz, eine Kapelle, zu den beiden Orten Aigen und Hernstein und ist sehr lohnend. Hernstein ist Ausgangspunkt für schöne Waldwanderungen nach Berndorf 2½ Std., Hirtenberg 2¾ Std. sowie über den Hart nach Wöllersdorf 2½ Std. und auf die Hohe Mandling 3 Std.

Herrgottschnitzerhaus, 826 m, Bl. 13, der gleichnamigen Alpinen Gesellschaft im Österreichischen Touristenverein. Am nordöstlichen Eckpfeiler der Hohen Wand, dem Wandeck. Herrlicher Ausblick ins Tal, zur Neuen Welt und zu den Fischauer Bergen. Tel.: 02638/8360.

Herrgottschnitzerhütte, 1318 m, Bl. 22, siehe Franz-Kaupe-Hütte.

Herrgottschnitzerweg, Bl. 13, ganz leichter Zugangsweg zum Wandeck, dem nordöstlichen Ausläufer der Hohen Wand. Ausgangspunkt ist Dreistetten, vom Bahnhof Oberpiesting der Gutensteiner Linie, an der sehenswerten Ruine Starhemberg (in 1 km Entfernung) vorbei. Zahlreiche markierte Wege leiten zum Herrgottschnitzerhaus in 1 bis 1½ Std. hinan. Etwas alpiner führt der sogar gesicherte Drobilsteig zur Höhe.

Heukuppe, 2007 m, Bl. 19, höchste Erhebung der gesamten Raxalpe, der Gipfel liegt im südlichsten Teil oberhalb der Raxenmäuer. Kürzester Zugang vom Carl-Ludwig-Haus in 40 Min. Auf dem Gipfel Heldendenkmal des Österreichischen Touristenklubs.

Himberg, 948 m, Bl. 17, südöstlich von Puchberg am Schneeberg, zwei bezeichnete Wege, steil, 1 Std., gelb, über Theresienfelsen und Geierwand; 1¼ Std., rot über Allelujahöhle. Ausichtswarte. Vom Himberg Höhenweg blau, dann rot zum Strengberg (Erholungsheim der Wiener Verkehrsbetriebe, auch Gaststätte) 1½ Std. und weiter, rot, nach Gutenmann ¾ Std. Abstiege nach Grünbach am Schneeberg 1½ Std., Würflach 2¼ Std. oder ins Sierningtal zum Ödenhof 40 Min.

Himberger Haus, Bl. 16, Selbstversorgerhütte des Touristenvereins „Die Naturfreunde" im Rohrbachgraben (Schneeberggebiet), von der Haltestelle Hengsthütte der Schneeberg Zahnradbahn ¾ Std., von Rohrbachgraben 1¼ Std. Fahrstraße über Puchberg nach Rohrbachgraben. Bei Betrieb der Zahnradbahn voll bewirtschaftet.

Hinteralm, ca. 1400 m, Bl. 18, ausgezeichnetes Wintersportgelände im westlichen Teil des Schneealpenstockes. Am kürzesten zugänglich von der Postautohaltestelle Scheiterboden-Forst, 12 km von Neuberg an der Mürz, 4 km von Frein durch den Alplgraben 2 Std. (die Brücke bei Scheiterboden-Forst wurde abgetragen, Zugang zum Alplgraben von der Haltestelle Höllgraben) sowie von Frein 2½ Std. und vom Eisernen Törl, dem Ende der Forststraße von Krampen, 1 Std., Forststraße ab Gasthaus Tirol bis Eisernes Törl, weiter zur Hinteralm nicht öffentlich befahrbar. Auf der Hinteralm mehrere Schutzhütten, so das Alpenvereinshaus Hinteralm (Wiener-Lehrer-Hütte), die Neuberger Hütte („Naturfreunde") und mehrere Selbstversorgerhütten.

Hintergscheid, 788 m, Bl. 11, verstreut liegende Gehöfte am Übergang vom Wirtshaus Jörglhans im Klostertal zum Steinbachtal bzw. in die Vois. Rot bezeichneter Weg, der von der Gutensteiner Seite den Anstieg auf den Wildföhrenstein und den Handlesberg kürzt, doch zieht man heute die Route von der Vois vor, da man zumindest bis zur Voismühle mit dem Postauto fahren kann.

Hinternaßwald, 711 m, Bl. 18, 19, bis dorthin verkehrt an Samstagen, Sonn- und Feiertagen im Sommer das Postauto ab Payerbach-Bahnhof. Dort auch Parkplatz für Pkw. Anstieg zum Habsburghaus auf der Raxalpe 3½ Std. und auf dem Franz-Jonas-Steig zum Großen Sonnleitstein.

Hirschenkogel, 1340 m, Bl. 21, besonders im Winter viel besuchte Höhe südlich der Semmeringpaßhöhe. Zum 80 m tiefer gelegenen Liechtensteinhaus führen von der Semmeringpaßhöhe zwei Sessellifte. Der Fußweg leitet unter der vielgenannten Liechtenstein-Sprungschanze hindurch.

Hirschwang an der Rax, ca. 510 m, Bl. 19, 20, an der Schwarza beim Eingang des Höllentales. In Hirschwang die Talstation der Raxbahn, Postauto ab Payerbach-Reichenau. Hirschwang ist auch Ausgangspunkt für den Törlweg, zu dem man vom Erlanger Kreuz bei der Straßengabelung Höllental-Preiner Gscheid auf rot bezeichneten Weg kommt.

Hirschwangerhütte, 1547 m, Bl. 19, privat, neben der Bergstation der Raxseilbahn.

Hocheck, 1037 m, Bl. 4, auf dem Gipfel dieser Höhe Schutzhaus des Österreichischen Touristenklubs (seinerzeit stand dort das Kaspar-Geitner-Haus, das den Ereignissen des Jahres 1945 zum Opfer fiel). Das Hocheck ist eine der markantesten Erhebungen am langgestreckten Bergkamm, der sich von Tasshof (im Triestingtal) bis zum Feiglkogl hinzieht, wo auch das Further-Tal endet. Der kürzeste Anstieg beginnt in Dornau westlich des Bahnhofes Altenmarkt-Thenneberg, blau bezeichnet, am Wildenauer Brunnen (dem Gedenken an den Dompropst Alois Wildenauer, dem Erschließer der Hohen Wand, gewidmet) vorbei; die 625 m Höhe wird man in 2 Std. leicht bewältigen. Etwas länger ist der Weg von der Bahnhaltestelle Altenmarkt, bedeutend mehr Zeit erfordert aber der sehr lohnende Weg von Kaumberg. Beliebt sind auch die Anstiege von Tasshof und von Weissenbach an der Triesting, während von Furth (ab Weissenbach 1½ Std.,) der Krennweg etwas steil zum Ziel führt. Die windungsreiche 7 km lange, asphaltierte Mautstraße auf das Hocheck wurde vollkommen erneuert. (bei Einwerfen der Münzen öffnet sich der Schranken).

Aus Anlaß des 90jährigen Bestandes der Sektion Triestingtal des Österreichischen Touristenklubs im Jahre 1973 wurde auf dem Hocheck, der höchsten Erhebung um das Triestingtal, wieder eine Aussichtswarte errichtet, die nach dem verdienstvollem Vorstand der ÖTK-Sektion Triestingtal Franz Meyringer benannt ist. Sie ist ganzjährig frei zugänglich. Die Schutzhütte ist ganzjährig bewirtschaftet, Mittwoch Ruhetag. Erstes Funktelephon in Niederösterreich: 02673/2306.

Hochkogel-Haus, 932 m, Bl. 12, 13, unter dem Hochkogel der Hohen Wand, unmittelbar am Wandabbruch gelegen. Beim Hochkogel-Hotel erreicht der Straßenbahnerweg die Hochfläche.

Hochstaff, 1305 m, Bl. 2, 6, ausgeprägte und lohnende Höhe nordöstlich der Reisalpe, den die Begeher des Reisalpen-Höhenweges gern „mitnehmen", was aber einen Mehraufwand (300 m Steigung) von 1 Std. bedingt.

Hochwechsel, 1743 m, Bl. 22, langgestreckter, am Kamm kahler Höhenzug, über den die Grenze Niederösterreich/Steiermark verläuft. Auf dem höchsten Punkt das Wetterkoglerhaus der AV-Sektion Österreichischer Gebirgsverein, wo vier Zugangswege enden, die alle sehr lohnend und viel begangen sind. Von niederösterreichischer Seite von Mariensee (Postauto ab Aspang und im Sommer an Samstagen, Sonn- und Feiertagen direkt von Wien Mitte) über die Marienseer Schwaig 2¾ Std. Auf dem niederösterreichisch-steirischen Grenzkamm verlaufen die rot markierten Routen von Kirchberg am Wechsel, Trattenbach und dem Feistritzsattel sowie vom Kampstein 3½–4 Std., ebenso auf dem Wechselberglandland-Höhenweg von Mönichkirchen, die meistbegangene, die sich durch den Sessellift zur Mönichkirchner Schwaig auf 2¾ Std. verkürzt. Von der steirischen Seite erfordern die Anstiege von St. Jakob, Waldbach und Mönichwald 4–5 Std., von der Festenburg über die Vorauer Kuhschwaig 3½ Std. Mautstraße von Waldbach-Mönichwald, gelegentlich auch Postauto-Ausflugsverkehr. Auf dem Gipfel Kriegerfriedhof; dort spielten sich noch im Mai 1945 Kämpfe ab. Prächtige Fernsicht.

Hofalm, 1546 m, Bl. 14, wenig ausgeprägte Erhebung, bei der der rot bezeichnete Weg vom Waldhüttsattel (1 Std.) zum Gippel vorbeiführt, auf den Gipfel noch 2½ Std. Etwas unterhalb des Gipfels befindet sich die Hofalm (einfacher Gastbetrieb).

Höflein (Unter- und Ober-), Bl. 12, 13, 17, siehe bei Willendorf.

Högerberg, 1372 m, Bl. 5, siehe unter Türnitzer Höger.

Hohenberg, 488 m, Bl. 5, 6, von viel besuchten Bergen umgebener Markt, der auch als Sommerfrische beliebt ist. Unweit steht die Burgruine aus dem Jahre 1050. Ausgangspunkt für Tagestouren auf die Reisalpe, auf das Gschwendt und den Türnitzer Höger sowie für den Jochübergang Hohenberger Gscheid-Kalte Kuchl-Rohr im Gebirge.

Hohenberger Gscheid, 856 m, Bl. 6, 10, Sattelhöhe beim Übergang von der Kalten Kuchl ins Mosbach- und Traisental nach Hohenberg. Blau markiert, schöne, kaum 2½ Std. erfordernde Wanderung; auf der Sattelhöhe keine Aussicht, später Blicke zur Reisalpe mit dem Schutzhaus.

Hohenstein, 1195 m, Bl. 1, früher viel besuchte, bewaldete Höhe der Traisentalberge. Seinerzeit beliebte Rundtour Türnitz-Eisenstein-Hohenstein mit Abstieg nach Dickenau (oder auch nach Türnitz) im Tal der (Türnitzer) Traisen. Auf dem Gipfel das im Sommer zu den Wochenenden, hauptsächlich von Vereinsmitgliedern bewirtschaftete Otto-Kandler-Haus des Österreichischen Alpenvereins. Zugänge siehe dortselbst.

Hohe Mandling, 967 m, Bl. 8, vielbesuchter Berg, der auch eine schöne, wenn auch nicht umfassende Aussicht bietet und von sieben verschiedenen Seiten auf markierten Wegen zu erreichen ist. Auf dem Gipfel (eine begraste Fläche, die Knödelwiese benannt ist) steht die ganzjährig bewirtschaftete Berndorfer Hütte der AV-Sektion Österreichischer Gebirgsverein. Kürzester Anstieg (aber steil) von Ortmann, Haltestelle der Gutensteiner Bahn, in 1¾ Std. Lohnend ist auch der Zugang aus dem Feichtenbachtal über Fozeben, vielfach entschließt man sich (besonders für den Rückweg) zur Begehung des gesamten Mandlingstockes, auf dem ein Höhenweg (der ständig im Wald verläuft und auch im Hochsommer empfehlenswert ist. Als Anstieg vom Bahnhof Waldegg vorerst 5 Min. nach Peisching zurück, dann links zur Kammhöhe und zum Gipfel (rot). Als Variante wäre der blau markierte Rundweg über die Vordere Mandling zu erwähnen. Mit 3½ Std. bis zur Berndorfer Hütte ist zu rechnen. Weitere Zugänge von Pottenstein und Berndorf sowie von der Sattelhöhe „Auf dem Hals" sind schon dank der prächtigen Wälder lohnend, aber etwas mühsam. – Pkw-Fahrer lassen ihren Wagen am besten im Feichtenbachtal beim Mariahof, steigen über Geyer und Geyersattel zur Fozeben an (dort eine Schihütte und Rastbank) und gelangen so auf die Hohe Mandling. Abstieg direkt nach Mariahof.

Höllental, Bl. 19, 20, dieser hochromantische Einschnitt, der die Raxalpe vom Schneeberg trennt, von Hirschwang bis zur Singerin 12 km lang ist und von der brausenden Schwarza durchflossen wird, konnte noch vor 250 Jahren nur auf beschwerlichen Saumwegen durchstiegen werden. Erst 1829 begann man mit Straßenbau; heute wird die Schwarza auf neun Brücken übersetzt. Nur wenige Häuser trifft man im Höllental: in Kaiserbrunn das Hotel Schnepf, das Weichtalhaus der „Naturfreunde", „Praterstern", ein Forsthaus und das Gasthaus „Singerin". Für Pkw-Fahrer, die den Schneeberg umfahren, ist das Höllental der Glanzpunkt dieser Tour. Bergsteiger, vornehmlich Felsgeher, finden im Großen Höllental, das bald nach dem Weichtalhaus mündet, den Beginn zahlreicher Steige.

Höllental-Aussicht, 1620 m, Bl. 19, markanter Aussichtspunt am Nordrand der Grünschacherhochfläche der Raxalpe, der einen faszinierenden Blick zu den Felswänden ober dem Großen Höllental bietet. Man erreicht diesen Punkt vom Otto-Schutzhaus in ca. ½ Std., wenn man sich erst zum Gabelungspunkt „Praterstern" begibt, dann links der blauen Markierung zum Klobenförl folgt, aber bei der Abzweigung des Alpenvereinssteiges auf diesem bis zum Felsabbruch vorgeht.

Holzknechthütte (Neue Seehütte), 1648 m, Bl. 19, östlich des Trinksteinsattels bei der Einmündung des Göbl-Kühn-Steiges und des Holzknechtsteiges auf der Hochfläche der Raxalpe gelegen. Anstieg zum Preiner-Wand-Kreuz ½ Std. ohne jede Schwierigkeit, ebenso der Weiterweg zum Ottohaus. Bewirtschaftet, wenn es das Wetter zuläßt, im Winter und Frühjahr an den Wochenenden, Weihnachten und Ostern, sowie ab Ende Mai. Tel.: 02665/268.

Holzknechtsteig, Bl. 19, von Prein an der Rax vorerst auf dem Preiner Schüttweg bis zur Vereinigung mit dem Weg von der Großau, dann auf dem mühsamen, zum Großteil im Geröll verlaufenden, oft kaum wahrnehmbaren Steig auf die Hochfläche zur Holzknechthütte. Anstieg 3–3½ Std. Der rechts abzweigende Preinerwandsteig ist schwierig. Vom ÖTK betreut.

Hotel Hochschneeberg, 1796 m, Bl. 16, von den Österreichischen Bundesbahnen übernommenes, renoviertes Berghaus direkt bei der Bergstation der Zahnradbahn mit herrlichem Abblick ins Puchberger Tal.

Hoyossteig, Bl. 15, 19, dieser vom Großen Höllental durch die Klobenwand führende Steig reiht in der gleichen Schwierigkeitsskala wie der Bismarcksteig. Bis zum Einstieg über die Schutthalden und unangenehmes Geröll hat man vom Höllental schon gut 2 Stunden benötigt. Eisentritte und Drahtseile erleichtern es, über die Felsen der ersten Steilstufe emporzukommen, doch bedarf es vollkommener Schwindelfreiheit, um das Wegstück nach einer Gratscharte zu meistern, wenn man unerwartet oder senkrechten Wänden steht und auf einem schmalen Steig angewiesen ist. Dann gibt es keine „Überraschungen" mehr, nach 1½ Std. vom Einstieg erreicht man den aus dem Höllental heraufführenden Rudolfsteig und hat noch fast 1 Std. zum Klobentörl. Auch wenn man mit der Raxbahn zu Tal fährt, ist für diese Tour Ausdauer erforderlich; hat man sie nur aus dem Grund unternommen, um den Hoyossteig zu begehen, sollten weniger gute Geher gleich den Rudolfsteig, der jedoch auch Übung und etwas Schwindelfreiheit verlangt, zum Abstieg wählen.

Hubertus, 830 m, Bl. 13, Gasthof und Pension, von Muthmannsdorf 1¼ Std.

Hubertushaus, 946 m, Bl. 12, 13, unmittelbar am Abbruch der Hohen Wand gelegen, wo der Springlessteig die Hochfläche erreicht.

Hühnerkogel, 1388 m, Bl. 21, Erhebung im Waldbereich südlich von Spital am Semmering. Vierersesselbahn zur Friedrichshütte, von dort auf das Stuhleck 1½ Std.

In der Pax, Bl. 10, Seitenast des Schwarzatales, in dem der rot bezeichnete Anstiegsweg auf die Bodingschneide und den Wildföhrenstein verläuft. Auch Übergang ins Voistal ist möglich. Vom Gschaiderwirt (zwischen Schwarzau im Gebirge und Rohr im Gebirge) zum Kleinen Wildföhrenstein 2¼ Std., weiter über den Handlesberg nach Schwarzau im Gebirge noch 2 Std.

Innerfahrafeld, Bl. 6. Diese Haltestelle der Traisentalbahn wurde von Kandlhof 2½ km südlich zu den Mönchshöfen verlegt, 1½ km vor Furthof.

Jagasitz, ca. 700 m, Bl. 8, Gaststätte nahe der Steinwandklamm. Zugang von Muggendorf. Pkw Zufahrt bis zum Gasthaus.

Jagasitz-Wirtshaus, Bl. 12, 13, Gaststätte am Weg vom Postl-Gasthof zum Waldegger Haus, grün, bzw. zum Wr.-Neustädter-Haus auf der Hohen Wand.

Jahnkreuz, 1818 m, Bl. 19, Gedenkkreuz unweit des Habsburghauses auf der Rax für den am 8. Februar 1919 im 27. Lebensjahr im Schneesturm erfrorenen Pächter dieses Schutzhauses Karl Jahn.

Jakobskogel, 1737 m, Bl. 19, markante Erhebung nahe dem Otto-Schutzhaus auf der Raxalpe. Heldendenkmal mit Spruch von Anton Wildgans.

Jauling, Bl. 9, Taleinschnitt, der von St. Veit an der Triesting, nur wenig ansteigend, nach Süden weist und auf bezeichneten Wegen Zugänge nach Kleinfeld, Berndorf und Aigen bei Hernstein ermöglicht. Er heißt auch Eisgraben, neben einem schmalen Bächlein führt ein Weg, von Dolomitfelsen gesäumt. Ob mit Pkw oder mit der Bahn: Fahrt bis St. Veit an der Triesting, von dort unmittelbar in die Jauling und auf Umwegen, entweder über den Pfarrkogel (grün) oder auch über den Guglzipf (rot, dann grün) wieder zum Ausgangspunkt zurück. Bis zum Ende der Jauling ½ Std., nach Hirtenberg 1 Std., zum Guglzipf und nach St. Veit 2¼ Std.

Jochart, 1266 m, Bl. 6, markante Höhe nordwestlich von Rohr im Gebirge, auf die zwei markierte Wege führen. Mit der Sommer-Postautolinie Wien-Gutenstein-Mariazell gelangt man über Gutenstein verhältnismäßig rasch nach Rohr im Gebirge, weitere Zufahrtsmöglichkeit ganzjährig, ab Wien über Payerbach-Reichenau, dann durch das Höllental.
Der kürzeste Anstieg erfolgt von Rohr im Gebirge (rot, dann blau); er beginnt bei der Volksschule und leitet durch einen Bauernhof. Bei einer Gabelung rechts durch schöne Wälder und angenehme Wiesenabschnitte bis auf den aussichtsreichen Gipfel 2 Std. Die zweite Route ist etwas länger, man marschiert im Klausbachtal bis zur Öd, durch diese auf das Hammerleck und hat dann auf den Gipfel noch 280 m zu steigen, 2½ Std. Das Hammerleck ist auch der Schlüsselpunkt für die aus dem Halbachtal kommenden Touristen, von Kleinzell 3½–4 Std. bis auf den Jochart, die aber, wenn sie motorisiert sind, auf dem Waldsträßchen im Fensterbachgraben mit ihrem Wagen hoch hinauffahren können.

Johannesbachklamm, Bl. 17, sehenswerte und gut erhaltene, vom Touristenverein „Die Naturfreunde" betreute Klamm südlich der Trasse der Schneebergbahn. Von Willendorf 2 km nach Würflach, dann westlich durch die Klamm,1 Std. nach Greith und 40 Min. nach Grünbach am Schneeberg, insgesamt 2½ Std.; vom Ende der Klamm (Wirtshaus) auch Höhenweg über Ruine Schrattenstein-Lärchbaumkreuz nach Würflach 2½ Std.

Jörglhans-Wirtshaus, 535 m, Bl. 11, im Klostertal. Straße, kein Busverkehr, Gutenstein-Klostertaler Gscheid-Schwarzau im Gebirge. Von Gutenstein-Bahnhof 12 km.

Jubiläumsaussicht, 992 m, Bl. 20, Felskanzel, auf dem Geyerstein, ober dem Bahnhof Payerbach-Reichenau; auf dem blau bezeichneten Weg am Hochberger-Wirtshaus vorbei zur Waldburgangerhütte. Vom ÖTK betreut.

Kahlmäuer, Bl. 19, Felswände im Westen der Raxhochfläche, die gegen den Naßkamm und das Reißbachtal steil abfallen. Nur Kletterrouten, allenfalls die Wildfährte für Geübte und Schwindelfreie.

Kaiserbrunn, 521 m, Bl. 16, 19, an der Mündung des Krummbachgrabens in das Höllental (Tal der Schwarza) gelegene Ansiedlung (Hotel Schnepf). Dort das Wasserschloß des Kaiserbrunnens, der ergiebigsten Quelle der 1. Wiener Hochquellenleitung (1 130 000 hl täglich). Nachdem Kaiser Karl VI. bei seinen Jagden das köstliche Naß getrunken hatte und sodann Wasserfässer durch Reiter der Wiener Hofburg bringen ließ (1736), kam es zum Bau und 1873 zur Eröffnung der Hochquellenleitung, deren Gesamtlänge bis Wien an die 100 km beträgt. Hier befindet sich auch das Wasserleitungsmuseum, das aus Anlaß des 100. Jahrestages der Errichtung der 1. Wiener Hochquellenleitung 1973 eröffnet wurde. – In Kaiserbrunn beginnt einer der schönsten Steige auf die Raxalpe – die Brandschneide sowie (Schneeberggebiet) auf die Knofeleben (Friedrich-Haller-Haus); der Krummbachgraben ist aus Quellenschutzgründen gesperrt.

Kaiserbrunn-Aussicht, 1480 m, Bl. 19, von der Bergstation der Raxbahn auf grün bezeichneten Weg in ca. ¼ Std. erreichbar. Kontrastreicher Abblick ins Schwarzatal nach Kaiserbrunn.

Kaisersteig, Bl. 15, 18, Schneealpengebiet, einst blau bezeichneter Verbindungsweg, heute Forststraße, die von Hinternaßwald zur Sattelhöhe der Ameiswiese (-Kalte Mürz-Frein) führt und von dem der gelb markierte Steig auf den Großen Sonnleitstein, 1639 m, abzweigt.

Kaisersteig, Bl. 19, Raxalpe. Unschwieriger Anstiegsweg zum Habsburghaus aus dem Reißtal. Ab Hinternaßwald 3½ Std.

Kaiserstein, 2061 m, Bl. 16, die zweithöchste Erhebung im Schneebergstock; umfassende Fernsicht zu der grünen Alpenwelt um Gutenstein, besonders reizvoll der Blick ins Puchberger Tal und zur Hohen Wand. Wenige Meter unter dem Gipfel, in 2049 m Höhe, die wiederholt neu erbaute Fischerhütte des Österreichischen Touristenklubs. Von der Zahnradbahn-Bergstation über den Ochsenboden, im letzten Stück etwas steil, bis zum Frühsommer auch Schneefelder, 1¼ Std. Von der Sparbacherhütte und Edelweißhütte auf dem etwas luftigen Fadensteig 2½ Std., von der Kienthalerhütte zum Fleischer-Gedenkstein und auf dem im Almgelände verlaufenden Fadenweg 2½ Std.

Kalte Kuchl, 737 m, Bl. 6, 10, beliebte Gaststätte, auch für Sommer- und Winterurlaube (Schlepplifte). Am kürzesten von Rohr im Gebirge, vorerst auf der Straße nach Schwarzau im Gebirge, dann rechts, über Hiaslbauer in 1½ Std. Haltestelle der Sommer-Postautolinie Wien-Gutenstein-Mariazell. Ausflüge zur Roßbachklamm ¾ Std. und auf den Ochsattel 1¼ Std. Pkw-Zufahrt a) über Gutenstein; b) über Payerbach-Schwarzau im Gebirge; c) durch das Gölsental-Kleinzell; d) Traisental bis Hohenberg und über den Ochsattel.

Kalte Mürz, Bl. 14, 18, südlicher Quellfluß der Mürz, der im Schneealpenstock entspringt und sich noch vor Frein mit der Stillen Mürz, die vom Gscheidl südlich vom Gippel herabkommt, zur Mürz vereinigt.

Kalte Rinne, Bl. 20, 21, hier überquert die Semmeringbahn in einem 46 m hohen und 184 m langen Viadukt (der höchste der gesamten Semmeringstrecke) den gleichnamigen Einschnitt, der die Fortsetzung des Adlitzgrabens in gerader Richtung darstellen würde und das Kreuzbergmassiv von den Höhen des Semmerings trennt. Besonders eindrucksvoller Punkt, wenn man mit der Bahn talwärts fährt und die Polleres-Wand und die Spies-Wand vor sich hat (11. und 10. Semmeringtunnel).

Kammerwandgrotte, Bl. 20, Abzweigung (blau) von der Eng. Überhängende Mauer, Quellwasser sammelt sich in einem Steinbecken.

Kampl, 1568 m, Bl. 18, an der Anstiegsroute (Fahrsträßchen) von Kapellen zur Hochfläche der Schneealpe, gelb. Auch von Neuberg, wenn man auf den Knappensteig ansteigt. Kürzester Anstieg zum Schneealpenhaus 3¼ Std.

Kampstein, 1467 m, Bl. 22, höchste Erhebung in dem sich zwischen der Straße Aspang-St. Corona am Wechsel und Aspang-Mariensee erhebenden Bergzuges. Von der Franz-Kaupe-Hütte ½ Std., siehe auch dortselbst.

Kampsteiner Schwaig, 1400 m, Bl. 22, Gaststätte westlich des Kampsteingipfels. Von der Franz-Kaupe-Hütte ¾ Std., von St. Corona am Wechsel 2 Std., von St. Peter am Wechsel 2 Std., gelb, dann rot, Höhenweg vom Feistritzsattel (Postauto ab Wien Mitte) 3¼ Std.

Karl-Lechner-Haus, 1449 m, Bl. 21, Zugang von Spital am Semmering durch den Kaltenbachgraben 2 Std. oder auf dem Höhenweg über das Hocheck 2½ Std. Geöffnet an Samstagen, Sonn- und Feiertagen von Mai bis Mitte Oktober. Auf das Stuhleck noch 1 Std.

Karlgraben, Bl. 18, der Einschnitt des Äußeren Krampengrabens im Schneealpengebiet, in dem (10 Min. vor Krampen) ein Anstiegsweg auf die Hochfläche der Schneealpe seinen Anfang nimmt. Dort auch die Sieben Quellen (Druckrohrleitung nach Naßwald). Krampen-Schneealpenhaus 4 Std.

Karlsteig (seinerzeit nach Erzherzog Karl, später nach dem Mitarbeiter des Österreichischen Touristenklubs, Karl Kantner, benannt), Bl. 19, dieser für einigermaßen Geübte nette Felssteig (Stufen, Drahtseile, jedoch gut versichert) wurde vom Österreichischen Touristenklub 1908 erbaut. Zum Teil sehr steil, gute Geher werden die An- oder Abstiegszeit, die der Schlangenweg (Raxalpe) erfordert, kürzen. Beginn noch vor der Ausbuchtung der ersten Schleife des Schlangenweges.

Karnerwirt, ca. 570 m, Bl. 8, ober den Mirafällen, von Pernitz 1¼ Std. Für Pkw-Benützer, die bis dorthin fahren, kürzester Zugang für den Almesbrunnberg und die Steinwandklamm sowie (schlecht bezeichnet) für einen an und für sich lohnenden Übergang in den Purbachgraben und über Blättertal zum Bahnhof Gutenstein, 2 Std., bzw. an der Raimund-Villa vorbei nach Pernitz zurück.

Katharinenschlag, 1222 m, Bl. 12, höchster Punkt der langgestreckten Dürren Wand, siehe dortselbst.

Kaumberg, 494 m, Bl. 3, 4, alter Markt im Triestingtal, zwei Bahnstationen, der 2 Kilometer östlich gelegene Bahnhof und die für den Ort wichtige Haltestelle an der nördlichen Berglehne. Täglicher Postautoverkehr ab Wien Mitte über Baden-Heiligenkreuz-Hafnerberg-Altenmarkt; diese Route ist auch Autofahrern zu empfehlen, wenn sie nicht die Südautobahnroute über die Anschlußstelle Leobersdorf benützen wollen. Kaumberg ist ausgezeichneter Standort für Ausflüge und Bergfahrten sowie für längere Übergänge. In den Triestingtaler Bergen ist das lohnendste Nahziel die Araburg; einen vollen Tag beansprucht die Ersteigung des Kienecks, verhältnismäßig wenig wird von Kaumberg aus der Schöpfl besucht, obwohl der Zugang über St. Corona sehr lohnend ist. Nur 550 Höhenmeter sind zu bewältigen, wenn man von Kaumberg auf das Hocheck ansteigt, wo die Aussichtswarte ins Tal grüßt und eventuell den kürzesten Rückweg nach Altenmarkt an der Triesting nimmt. Anspruchsvollere Übergänge, die 7 Std. Gehzeit erfordern: der Schöpfl mit Abstieg zur Westbahnstrecke, zumindest bis Innermanzing (Bus) und für das Kieneck mit Abstieg Pernitz im Piestingtal.

Keertal, Bl. 14, von Kernhof gegen das Kernhofer Gscheid führender Taleinschnitt (7 km) an der Mariazeller Straße, Postauto im Sommer.

Kernhof, 690 m, Bl. 14, Kleine Häusergruppe. Die Mariazeller Bundesstraße führt von Kernhof über das Gscheid weiter nach Terz. Touristisch wichtig für die Ersteigung des Göller und des Gippel. In beiden Fällen überwindet man vorerst einen Höhenunterschied von 576 m, 1¾ Std. zum Waldhüttsattel, dann führen rot bezeichnete Wege westlich auf den Göller, südlich ober dem Saugraben nach Lahnsattel und östlich zum Gippel.

Kienberg, 650 m, Bl. 12, 13, höchste Erhebung der westlichsten Gruppe in den Fischauer Bergen, über die ein rot bezeichneter, sehr lohnender Waldweg führt, der Unterhöflein mit Winzendorf verbindet.

Kieneck, 1107 m, Bl. 3, 7, viel besuchte steile Kuppe in den verzweigten Höhenzügen zwischen Triestingtal und Piestingtal. Auf dem Gipfel des Kienecks steht die von vielen Bergen des Alpenvorlandes gut ausnehmbare, im Jahre 1897 eröffnete Enzianhütte des Österreichischen Alpenvereins, zu der acht verschiedene Wege führen, die aber alle eine längere Gehzeit beanspruchen. In der Höhe. Man gelangt von Pernitz entlang des Mirabaches im Lamwegtal zumindest bis zum Leitner-Gasthof (595 m) zu fahren (fast 10 km), verkürzt sich die Anstiegszeit auf 1¾ Std., doch besteht keine Autobusverbindung. Ansonsten benötigt man ab Bahnhof Pernitz bis zum Leitner-Gasthaus und im Viehgraben bis auf den Gipfel 3¾ Std., doch wird man stets nach einer Fahrgelegenheit suchen. Der Enzianstieg ist insofern sehr lohnend, als er auf dem Bergkamm verläuft.
Wer gern längere Kammwanderungen ausführen will, begibt sich von Furth an der Triesting (1½ Std. vom Bahnhof Weissenbach an der Triesting) entweder auf schönen Fußsteigen oder auf der Straße längs des Furtherbaches über Schromenau über zahlreiche Sättel und Kogel unmittelbar auf das Kieneck; diese Route ist jedoch mühsam, die immer wieder sich bietenden Ausblicke müssen mit einem 4½stündigen Anstieg erkauft werden. Wer dem allen ein Schnippchen schlagen will, fährt mit seinem Pkw vom Leitner-Gasthaus in den Weidengraben bis zum Gehöft Atz und tritt auf dem Mareschsteig in 670 m Höhe den Bergstieg an, 1½ Std.
Vielfach ausgeführt wurde seinerzeit, auch als Tagestour (!), der Übergang Kieneck-Unterberg; obwohl der wegen des Abstieges zum Bettelmannkreuz (952 m) erzwungene Höhenverlust nicht allzu groß ist, verlangt die gesamte Tour Gutenstein-Pernitz über diese zwei Berge bei tüchtigem Ausschreiten 9 Stunden, man mußte also die zur Verfügung stehende Zeit zwischen dem ersten und letzten Zug reichlich nützen.
Motorisierte sollten bis zum Leitner-Gasthaus fahren, den Enzianstieg zum Anstieg wählen und auf dem Mareschsteig-Weidengraben zum Parkplatz zurückkehren. Bahnfahrern ist die gleiche Route zu empfehlen, es sei denn (was bestimmt anzuraten ist), sie wenden zwei

Tage auf, steigen am ersten von Pernitz zur Enzianhütte an, nächtigen dort und entschließen sich zu dem 4 bis 4½ Std. erfordernden Höhenweg über den Raingupf und Feiglkogl nach Kaumberg im Triestingtal.
Die Aussicht vom Kieneck umspannt vor allem Schneeberg, Raxalpe und Schneealpe, die Traisentalberge, die Reisalpe und den Türnitzer Höger, sowie den markanten Ötscher.

Kienthalerhütte, 1380 m, Bl. 16, Schneeberggebiet. Nur zum Wochenende und im Sommer bewirtschaftete Schutzhütte der Alpinen Gesellschaft Kienthaler des Österreichischen Touristenklubs, erbaut 1896. Sie liegt unter dem 1416 m hohen Turmstein am Ende des von der Haltestelle Baumgartner der Schneeberg-Zahnradbahn herführenden südlichen Grafensteiges. Direkter Anstieg aus dem Weichtal durch die hochromantische Klamm oder auf dem zwar steilen, aber weniger anstrengenden Ferdinand-Mayr-Weg, je 2½ Std.

Kirchenberg, 1380 m, Bl. 2, 3. Von Hainfeld gut ausnehmbare Höhe, zu der mehrere Anstiegswege führen, ca. 1½ Std., blau und rot bezeichnet. Auf dem Gipfel die an Sonn- und Feiertagen bewirtschaftete Hainfelder Hütte des Österreichischen Touristenklubs. Einige Wege berühren auch die Liasnböndlhütte des Touristenvereins „Die Naturfreunde". Höhenweg vom Kirchenberg über den Kruckensattel, 736 m, zum Hotel Adamstal im Gaupmannsgraben südlich der Ramsau 4 Std., von dort Postauto nach Hainfeld.

Kitzberg Gr., 771 m, Bl. 8, 1 Std. südwestlich von Pernitz im Piestingtal; auf die Markierung achten! Zur Rudolf-Fordinal-Hütte 20 Min., wird meist mit einem Übergang nach Waidmannsfeld verbunden.

Klamm, 705 m, Bl. 20. Das Dorf Klamm erreicht man vom Bahnhof Klamm-Schottwien in 20 Min. Pkw-Fahrer achten auf die im Adlitzgraben bald nach Schottwien abzweigende, nach Klamm führende Straße. Die neben dem Dorf auf 125 m hoher Felswand stehende Ruine, von der man schöne Ausblicke hätte, ist leider nicht zugänglich.

Klauswirt, 708 m, Bl. 7, Gaststätte bei der Gabelung der Straße ober Rohr im Gebirge einerseits zur Haselrast 1½ Std., andererseits zum Grieswirt ¾ Std., von wo man im Miragraben in 2 Std. das Unterberghaus erreicht.

Kleinau, Bl. 19, Taleinschnitt der von Edlach an der Rax bis 800 m Höhe führt. Anstieg zum Hotel Knappenhof.

Kleine Klause (Dürnbacher Klaus), Bl. 12, diese mündet 2 km oberhalb der Großen Klause ins Dürnbachtal und wird auch zumeist ab Waldegg besucht. Über die Krumme Ries gelangt man unmittelbar zum genau 1000 m hoch gelegenen (privaten) Waldegger Haus. Ab Bahnhof Waldegg 2¼ Std. Da sehr steil über Geröll, begeht man die Kleine Klause vielfach besser im Abstieg. Äußerst lohnend ist die Begehung des Naturfreundesteiges, siehe dorselbst.

Kleinfeld, 350 m, Bl. 9, von Berndorf, Straße, 3 km. Bezeichnete Wege auf den Guglzipf, in die Jauling und nach Aigen.

Kleinkanzelhaus, 1065 m, Bl. 12, privates, neu erbautes Schutzhaus unweit der Wiener-Neustädter-Hütte. Ende der allgemein befahrbaren Straße auf der Hochfläche der Hohen Wand.

Kleinzell, 480 m, Bl. 2, im Halbachtal, 10 km von Rainfeld-Kleinzell, der Bahnhaltestelle im Gölsental abgeschieden gelegenes Dorf. Jedoch beliebte Durchzugsstraße bis zur Kalten Kuchl. In Kleinzell beginnt die Straße auf die Ebenwaldhöhe, wodurch für Pkw-Fahrer der Zugang zur Reisalpe sehr erleichtert ist. Privater Busverkehr nur an Werktagen.

Klobentörl, 1631 m, Bl. 19, Sattelhöhe nördlich der Lechnermauern auf der Raxalpe; man gelangt vom Großen Kesselgraben sowie vom Rudolfsteig und Hoyosteig sehr leicht auf das Klobentörl, von wo man sich über die Grünschacherhochfläche zum Otto-Schutzhaus 1½ Std., über die Scheibwaldhöhe zum Habsburghaus 1¾ Std. bzw. über die Scheibwaldhöhe Trinksteinsattel zum Carl-Ludwig-Haus 2½ Std. begeben kann.

Klobenwand, Bl. 15, 19, hohe Felsabstürze, die westlich des Großen Höllentals aufragen. Kein allgemein gangbarer Weg, der schwierigste Durchstieg ist der erst 1933 begangene Höllentalgraben. Der schwindelfreien Bergsteigern vorbehaltene Hoyossteig vermittelt aber prächtige Blicke ins Große Höllental und zur gegenüberliegenden Loswand.

Kloster-Hinteralpe, 1311 m, Bl. 1, 6, Gipfel im Höhenzug der Klosteralpe, auf dem die Traisener Hütte steht, siehe dortselbst.

Klosteralm, ca. 900 m, Bl. 1, Gaststätte westlich des Muckenkogels am Verbindungsweg Lilienfelder Hütte-Traisener Hütte, von der Lilienfelder Hütte ½ Std., von der Traisener Hütte 35 Min.

Klosterebensattel (und Kapelle). 677 m, Bl. 1, 2, Sattelhöhe beim Übergang vom Wiesenbachtal nach Lilienfeld.

Klostertaler Gscheid, 765 m, Bl. 11, 16, Sattelhöhe der Straßenverbindung Gutenstein-Klostertal-Vois-Schwarzau im Gebirge. Kein Busverkehr. Knapp vor der Sattelhöhe beginnt auf der Gutensteiner Seite bei der ehemaligen Postautohaltestelle „Aufstieg Sparbacherhütte" der direkt zum Faden hinaufführende rot markierte Weg, 1¾ Std.

Klosterwappen, 2076 m, Bl. 16, höchste Erhebung des gesamten Schneebergstockes. Neben dem Gipfelkreuz Radaranlage des Bundesministeriums für Landesverteidigung.

Knappenhof-Hotel, 768 m, Bl. 19, auf aussichtsreicher Stelle ober Edlach an der Rax am Beginn des Törlweges erbaut, war Privatbesitz des langjährigen Pächters des Otto-Schutzhauses Camillo Kronich. Zu Fuß ab Hirschwang oder Edlach 1 Std. Beim Anstieg von Edlach und Dörfl muß nun der Knappenhof berührt werden. Die ehemals direkte Verbindung (grün) bei der Straßenbiegung besteht nichr mehr.

Knappensteig, Bl. 18, Verbindungsweg von Neuberg; vorerst zum Almbauer, dann grün zum Lurgbauer im Lohmgraben. Mit Abstieg ins Altenbergtal 3 Std.

Knofeleben, Bl. 16, 20, Schneeberggebiet, am Ende des von Kaiserbrunn heraufziehenden Knofelebengrabens steht in 1250 m das Friedrich-Haller-Haus des Touristenvereins „Die Naturfreunde".

Knollenhals, Unter- und Ober-, 968 m, Bl. 14, Ansiedlungen an der Straße Kernhof-Mariazell ober dem Wirtshaus Gscheid.

Kobermannsberg, 925 m, Bl. 20, am Weg von der Bahnstation Klamm-Schottwien zum Kreuzberg.

Kohlröserlhaus, 840 m, Bl. 12, 13, Gaststätte unmittelbar am Felsabbruch, vom Ende der Hohen-Wand-Straße 10 Min. Gedenktafel für Lilly Wildgans, die dort die Bücher über ihren Gatten Anton Wildgans geschrieben hat.

Kohlröserlhütte, 1490 m, Bl. 14, auf der Hofalm östlich des Waldhüttsattel (zwischen Göller und Gippel), wenige Meter unter dem Kamm-Höhenweg.

Kolm-Wirtshaus, 723 m, Bl. 1, östlich der Lilienfelder Hütte am blau markierten Anstiegsweg von Lilienfeld ober dem Hölltal. Von dort zur Hütte noch ¾ Std.

Kontrußsteig, Bl. 19, nur als Variante für den üblichen Anstieg Preiner Gscheid-Siebenbrunnkessel oder als Verbindungssteig von der Reißtalerhütte zum Schlangenweg (Raxalpe) begangen. Wenige rote Zeichen. Reißtalerhütte-Schlangenweg-Carl-Ludwig-Haus 2½ Std. Keine Schwierigkeiten.

Krampengraben, Innerer, ca. 800 m, Bl. 18, imponierender Taleinschnitt im Schneealpengebiet nördlich von Krampen. Zugang nach Tirol – Eisernes Törl.

Krampen, 752 m, Bl. 18, Ortschaft im Mürztal an der Straße Neuberg-Mürzsteg (Postauto). Beginn des Anstiegsweges zum Eisernen Törl, von dort zur Hinteralm und auf die Schneealpe.

Kranichberger Schweig, ca. 1550 m, Bl. 22, seinerzeit Schutzhaus, heute Almwirtschaft unweit des Weges vom Feistritzsattel (Postauto) auf den Hochwechsel und auf den Kampstein.

Krennweg, Bl. 4, blau bezeichneter Anstiegsweg von Furth an der Triesting auf den Gipfel des Hochecks. Schutzhaus des Österreichischen Touristenklubs und Aussichtswarte.

Kressenberg, 887 m, Bl. 8, 12, bewaldeter Berg südlich der Haltestelle Öd der Gutensteiner Bahn; ein Waldsträßchen führt in Kehren zur Höhe, berührt den Gipfel nicht, leitet ins Dürnbachtal. Kaum besucht.

Kreuzberg, höchster Punkt 1084 m, Bl. 20, langgestreckter Höhenzug, eingesäumt vom Schwarzatal und den Adlitzgräben, vermitteln die von markierten Wegen durchzogenen Höhen äußerst interessante Ausblicke sowohl gegen Schneeberg und Raxalpe, als auch zum Semmering und dem Sonnwendstein. Zahlreiche Pensionen und Gaststätten. Zugänge zum Kreuzberg beginnen in den Orten an der Semmeringstrecke von Gloggnitz bis Breitenstein. Die Semmeringbahn führt von Payerbach-Reichenau am Nordhang des Kreuzberges und des ihm vorgelagerten Eichberges in einer großen Schleife ober dem Adlitzgraben bis Breitenstein, um dann auf dem Kalte-Rinne-Viadukt dem Semmering zuzustreben. Pkw-Fahrer erreichen die Höhe des Kreuzberges am besten von Payerbach durch den Payerbacher Graben oder von Klamm bzw. den westlichen Teil aus dem Preiner Tal (noch vor Edlach abzweigen!) und von Breitenstein. Obwohl der Kreuzberg ein für Schifahrten günstiges Gelände aufweist, ist ein Aufenthalt auch im Frühjahr sehr beglückend, wenn seine Gefilde schon vom Schnee befreit und die naheliegende Raxalpe und auch der Sonnwendstein noch tief verschneit sind.

Kreuzstein, Bl. 12, Sattelhöhe zwischen Miesenbachtal und Dürnbachtal, über die ein grün bezeichneter Verbindungsweg (zum Großteil Forststräßchen) führt. Vom Kreuzstein rot markierter Weg nach Scheuchenstein 1 Std.

Kronich Camillo, geboren 5. April 1876 in Wien, gestorben daselbst 3. Februar 1958, war von 1893 bis 1946, also durch 53 Jahre, ununterbrochen als Bewirtschafter des Otto-Schutzhauses auf der Raxalpe tätig. Er bemühte sich besonders um die Herstellung von Wegen, trug aus eigenem die Kosten für den Alpenvereinssteig, versicherte den (schwierigen) Gustav-Jahn-Steig und legte 1910 den (kaum weniger schwierigen) Hans-Haid-Steig an. Kronich hat mehr als 200 Bergsteiger aus schwieriger Lage geborgen und war Träger höchster Auszeichnungen. Camillo Kronich Steig, siehe unter Brandschneide Bl. 19.

Kruckensattel, 736 m, Bl. 3, am Übergang Adamstal-Kleinzell, bzw. auf den Kirchenberg. Auf Wiesen steil hinab. (Vorsicht, Weidegebiete).

Krummbachsattel, 1333 m, Bl. 16, Sattelhöhe beim Anstieg von Kaiserbrunn durch den Krummbachgraben (verboten) zum Einschnitt Krummbachstein-Hochschneeberg. Herrlicher Ausblick zur Raxalpe inmitten der Umrahmung des Hochschneebergs. Umgehung über die Knofeleben.

Krummbachstein, 1602 m, Bl. 16, 20, aussichtsreiche Höhe ober dem Krummbachsattel im Schneeberggebiet. Unter dem Gipfel die Alpenfreundehütte. Der direkte Anstieg durch den Krummbachgraben ist aus Quellenschutzgründen gesperrt, Zugang von Kaiserbrunn aus dem Höllental über die Knofeleben (Friedrich-Haller-Haus) 3¼ Std., ebenso von Payerbach 3 Std., Am kürzesten von der Haltestelle Baumgartner der Schneeberg-Zahnradbahn, 1½ Std., sehr reizvoll ist auch der Weg über den Gahns.

Krumme Ries, Bl. 12, da nicht gut bezeichnet, wenig begangener Steig von Maiersdorf auf die Hohe Wand; vorerst den gelben Marken des Leitersteiges folgend, dann (rechts, grün) zum Fuß der Felsabstürze und zum Teil auf einer Schutthalde, zum Teil auch Steig, zum Hochkogelhaus. Trittsicherheit, Orientierungsgabe erforderlich.

Kuhplagge, Bl. 16, steile Lehne, die sich ober dem ehemaligen Baumgartnerhaus zum 1. Tunnel der Schneeberg-Zahnradbahn hinzieht. Lawinen- und Schneebrettgefahr.

Kuhschneeberg, Bl. 15, 16, an den Hauptstock des Hochschneebergs im Norden eng anschließendes Almgelände, das im 1545 m hohen Saukogel gipfelt. Landschaftlich sehr schön, herrliche Abblicke besonders am Rande der Felsabstürze. Die direkt auf den Kuhschneeberg führenden Wege aus dem Voistal und von der Singerin (Schnellerwagsteig) sind äußerst steil und mühsam. Kürzester Zugang von der Sparbacherhütte und der Edelweißhütte auf dem Fadenweg, insgesamt nur 300 m Steigung.

Kummerbauer Stadl, 1079 m, Bl. 21, modernisiertes Landgasthaus an der Sattelhöhe Schottwien-Trattenbach. Von dort (Sträßchen bis nahe zum Gipfel) auf den Großen Otter, 1358 m (nicht mehr auf der Karte), auf dem Weinweg zum Alpkogel und auf den Sonnwendstein 2 Std. bzw. zum Feistritzsattel (Postauto an Samstagen, Sonn- und Feiertagen) 3 Std., Abstieg nach Trattenbach 1 Std., nach Maria Schutz 1¾ Std.

Kutatsch-Wetterschutzhütte, 1650 m, Bl. 18, offene Unterstandshütte am Kampl im Schneealpengebiet, von Kapellen 2½ Std.

Lackner-Jausenstation, 430 m, Bl. 17, westlich von Würflach von der Johannesbachklamm.

Lahnsattel, 1015 m, Bl. 14, Ort und Sattelhöhe an der Straße von Frein nach Terz-Mariazell. Die Häusersiedlung Lahnsattel liegt 1,7 km östlich vom Sattel. (Wirtshaus im Ort derzeit geschlossen).

Lammelbrünnl, Bl. 19, Quelle am Törlweg (Raxalpe) unterhalb der verfallenen Kohlberghütte.

Lamwegtal, Bl. 7, oberer Taleinschnitt des Mirabaches, auf dem man von Pernitz über Muggendorf (Bl. 8) zur Miralucke, 694 m, dem Ursprung der Mira, gelangt. Am Ende des Lamwegtales Beginn zweier Anstiegswege zum Unterberghaus (rot und gelb), die in ¾ Std. zum Ziel führen und vielfach auch von Pkw-Benützern begangen werden, da diese den 10 km langen Zugang von Pernitz ersparen.

Langes Loch, Bl. 17, Höhle in der Flatzer Wand.

Lechnermauern, Bl. 19, die einzige Felsgruppe inmitten der Hochfläche der Raxalpe, die südwestlich des Gaistales sichtbar wird und die verhältnismäßig erst sehr spät richtig entdeckt worden sind. Man lobt den festen Fels dieser 300 m hohen Wände - heute ein Kletterparadies mit vielen Durchstiegen.

Lehenrotte, 415 m, Bl. 1, Ansiedlung im Tal der (Türnitzer) Traisen, Bahn- und Postautohaltestelle. Anstieg zum Wirtshaus „Am Himmel" 1½ Std., am Bergkamm gegen den Hohenstein.

Leitergraben, Bl. 12, 13, etwas mühsamer Anstieg von Zweiersdorf oder Maiersdorf am Fuße der Hohen Wand zur Hochfläche, von der man in ¾ Std. die Wilhelm-Eichert-Hütte erreicht. Nach Zweiersdorf kommt man am kürzesten von der Haltestelle Oberhöflein der Schneebergbahn, nach Maiersdorf von der Haltestelle Urschendorf. Pkw-Fahrer benützen die Südautobahn bis zur Anschlußstelle Wr. Neustadt/Weikersdorf und nehmen die Route Weikersdorf am Steinfeld-Winzendorf-Maiersdorf. Gelbe Markierung, steiler Anstieg, von der Zweiersdorfer Seite bei Eintritt in die Schlucht etwas Vorsicht! An die 2 Std. Anstiegszeit. Interessant ist der tiefe Einschnitt des Leitergrabens, der Hochflächenwanderungen am Rande der oberen Felsabstürze unmöglich macht und zu einem Teilabstieg oder Umweg über die Kleine Kanzel zwingt.

Leiterlsteig, Bl. 12, 13, für felsengewandte und schwindelfreie Bergsteiger ein lohnender Anstieg auf die Hohe Wand, der kaum länger als 1 Std. erfordert. Von Stollhof vorerst rot bis nahe an die Felsabstürze, dann gelb (Drahtseile, ausgesetzte Stellen), zum ehemaligen Wieser-Wirtshaus beim Ende,der Hohen-Wand-Bergstraße empor. Vom ÖTK betreut.

Leitner-Wirtshaus, 595 m, Bl. 8, viel besuchte Gaststätte im Lamwegtal (Mirabach), von der vier lohnende Wege auf das Kieneck abzweigen. Straße von Pernitz 7 km.

Liasnböndlhütte, 640 m, Bl. 2, 3, zum Wochenende bewirtschaftete Schutzhütte des Touristenvereins „Die Naturfreunde", von Hainfeld am Weg zur Hainfelder Hütte in ¾ Std., erreichbar. Rundtour: Hainfeld–blau markierter direkter Weg auf den Kirchenberg–Abstieg über Liasnböndlhütte nach Hainfeld, insgesamt 3 Std.

Liechtensteinhaus, ca.1300 m, Bl. 21, private Gaststätte bei den Bergstationen der beiden Sessellifte von der Semmeringpaßhöhe am Hirschenkogel ober der Mautstraße auf den Sonnwendstein. Viel besuchtes Schigelände, Sprungschanze.

Liechtensteinstraße, Bl. 21, prächtige breite Waldstraße, die in vielen Windungen, dem Gelände sich anpassend, vom Semmering talwärts führt, bis sie (bei der Abzweigung nach Breitenstein) die Adlitzgrabenstraße erreicht (bis hierher Fahrverbot), die dann die Verbindung nach Gloggnitz herstellt.

Lilienfeld, 383 m, Bl. 1, viel besuchte Stadt (seit 1990), bekannt vor allem durch das 1202 von Herzog Leopold dem Glorreichen gegründete Zisterzienserstift, das 1683 gegen die Türken tapfer verteidigt wurde. Prächtige Stiftskirche mit gotischem Kreuzgang. Hochaltar aus schwarzem Marmor mit sechs Riesensäulen, das Bild Himmelfahrt Maria ist von Daniel Gran. Gemälde von Altomonte. Lilienfeld hat auch an der Entwicklung des Schilaufs lebhaften Anteil, lebte dort doch der Altmeister und Schipionier Matthias Zdarsky im benachbarten Ort Marktl (Lilienfelder Technik). Die Umgebung von Lilienfeld weist ein herrliches Übungstourengelände für den Schilauf auf. Denkmal für Zdarsky beim Ortseingang. Zufahrt mit der Traisentalbahn über St. Pölten und auch ganzjährig mit dem Postauto. Westautobahn bis zur Autobahnanschlußstelle St. Pölten, dann 25 km.

Lilienfelder Hütte, 956 m, Bl. 1, Alpenvereinshütte am Lilienfelder Gschwendt. Von Lilienfeld 2 Std., von der nur im Winter geöffneten Mittelstation des Bergliftes Muckenkogel 35 Min. Von Freiland 1¾ Std., Übergang zur Hinteralpe 1½ Std., weiter zur Reisalpe (sehr mühsam) über den Gscheidboden 3½ Std.

Lindabrunn, 331 m, Bl. 9, siehe bei Enzesfeld.

Lindenstein, 832 m, Bl. 2, westlich der Liasnböndlhütte und der Hainfelder Hütte. Zugänge von diesen Hütten am Kirchenberg ¼ Std.; vom Gölsental 1¼ Std. Neue Naturfreundehütte 5 Min. unter dem Gipfel.

Lindensteinhütte, 690 m, Bl. 2, nordwestlich des Kirchenberges, Hütte des Touristenvereins „Die Naturfreunde". Ganzjährig an Samstagen 13–19 Uhr, an Sonn- und Feiertagen 9–19 Uhr geöffnet. Von der Bahnhaltestelle Rohrbach an der Gölsen 1 Std. Drei-Hütten-Weg: Rohrbach–Lindensteinhütte–Hainfelder Hütte–Liasnböndlhütte–Hainfeld–Rohrbach 4½ Std.

Lohmgraben, Bl. 18, Seitenast des Altenberger Tales im Schneealpengebiet; rot bezeichneter, sehr lohnender Anstieg zum Schneealpenhaus 2½ Std.

Lorenzi-Pechkogel, 883 m, Bl. 1, zugänglich von Schrambach im Traisental 2½ Std. Einige Höhenverluste, ausgezeichnete Ausblicke, vor allem zur Reisalpe, Gipfelkreuz.

Losenheim, 831 m, Bl. 16, letztes Dorf am Zugang von Puchberg am Schneeberg zur Sparbacherhütte bzw. zur Edelweißhütte. Postautoendstelle der Kurse ab Ternitz und Puchberg am Schneeberg. Mehrere Gaststätten und Naturfreunde-Unterkunft. Anstieg zur Sparbacherhütte 1½ Std. Doppelsessellift direkt zu den beiden Schutzhütten.

Loswand, Bl. 15, 19, umsäumt das Große Höllental im Raxalpenstock gegen Osten. Kein allgemeim gangbarer Weg, der unschwierige Wachthüttelkamm verläuft ober den Felsabstürzen. Im Gegensatz zur gegenüberliegenden Klobenwand führen aber eine Reihe versicherte Steige (vollkommene Schwindelfreiheit unerläßlich) aus dem Großen Höllental durch die Loswand zum Raxalpenplateau, so unter anderem der Alpenvereinssteig, die Teufelsbadstube, der schon wesentlich schwierige Preintaler Steig und die zahlreichen Routen, die ausschließlich Felsgehern vorbehalten sind.

Luckete Wand, 1128 m, Bl. 19, breite Felswand, von Prein 1¾ Std., rot, mit dem Haakogel zu verbinden oder von Orthof am Kreuzburg ¾ Std., grün. Lohnend, schöne Aussicht.

Luf-Gasthof, 932 m, Bl. 12, 13, ober den Abstiegen der Hohen Wand, unmittelbar beim Hochkogelhaus.

Lurgbauerhütte, 1764 m, Bl. 18, auf der Ameisbühelalm, private Hütte am Zugang vom Naßkamm zum Schneealpenplateau.

Mahleitenberg, ca. 600 m, Bl. 13, wenig ausgeprägte Höhe in den nördlichen Fischauer Bergen. Zugang von Wöllersdorf, weiters vom Finkenhaus. Abstieg zur Straße Bad Fischau-Dreistetten. Auch für kombinierte Badeausflüge bei ca. 2½ Gehstunden (Wöllersdorf-Mahleiten-Bad Fischau) ein geeignetes Ziel.

Maiersdorf, 502 m, Bl. 12, 13, typisches Langstreckendorf, bemerkenswert ist die auf einer Anhöhe gelegene, weithin sichtbare Kirche. Am kürzesten zu erreichen von den Haltestellen Urschendorf oder Strelzhof der Schneebergbahn in 1¼ Std. Ausgangspunkt für vielbegangene Anstiege auf die Hohe Wand: a) zum Einschnitt des Leitergrabens, gelb; b) Straßenbahnersteig, grün, zum Hochkogelhaus; c) über die Völlerin (kaum werden Schwierigkeiten auftreten) zum Postl-Gasthof 1½ Std. Die grünen Zeichen sind erst ober der Maiersdorfer Hutweide verläßlich. (Bei der Kehre nach dem Mauthaus, dort auch Tafeln, Tisch und Bänke).

Majewskisteig, Bl. 14, letzter Teil des Anstieges vom Waldhüttsattel auf den Gippel.

Mamauwiese, 957 m, Bl. 11, 16, prächtige ausgebreitete Matten mit herrlichem Anblick des Schneeberges. Der markierte Weg von Sonnleiten und Losenheim führt inmitten dieser Wiesen zur Schoberkapelle am Fuß des Schobers. Mehrere Gaststätten. Übergänge nach Gutenstein 3½ Std., auf den Imitzerweg zum Öhlersattel 1½ Std., nach Puchberg 1¾ Std., sowie über die Dürre Leiten zur Sparbacherhütte und Edelweißhütte 1 Std.

Mandling-Schihütte, 755 m, Bl. 8, Selbstversorgerhütte des Alpenvereins, siehe bei Fozeben.

Margrabensattel, 698 m, Bl. 1, vom Bahnhof Tradigist der Mariazeller Strecke zieht südöstlich das langgestreckte Tal zum Margrabensattel, in dem auch eine Fahrstraße verläuft, die die Verbindung nach Schrambach im Traisental herstellt.

Maria Einsiedl, 1165 m, Bl. 7, auch Marienkapelle am Gscheid genannt, 5 Min. vom Unterberghaus entfernt.

Maria Schutz, 760 m, Bl. 21, barocke, zweitürmige Wallfahrtskirche, auf aussichtsreicher Terrasse gegen Schottwien und den Höhenzug des Kreuzberges gelegen. Anläßlich der Befreiung von der Pest wurde vorerst eine Kapelle, dann ein Gotteshaus errichtet, das einem gelegten Brand 1826 zum Opfer fiel. 1945 war Maria Schutz durch fünf Wochen dem Beschuß ausgesetzt. Die 45 m hohen Türme erkennt man von den umliegenden Höhen, so daß Maria Schutz im niederösterreichischen Semmeringgebiet einen markanten Orientierungspunkt bildet. In Maria Schutz beginnt ein steiler Anstiegsweg auf den Sonnwendstein 2½ Std., rot, dann blau, mit dem Sessellift gelangt man (Höhendifferenz 711 m) in 15 Min. direkt zur Pollereshütte neben der Sessellift-Bergstation, von dort in 10 Min. auf den 1523 m hohen Gipfel des Sonnwendsteins. Von Maria Schutz zur Sattelhöhe Kummerbauer Stadel 1¾ Std., zum Semmering, den Myrtengraben querend, 1 Std. Postauto von Gloggnitz ½ Std.

Mariahilfberg, 708 m, Bl. 11, Wallfahrtsort und Servitenkloster, erbaut 1668, liegt 227 m höher als Gutenstein. Mehrere Wege (¾ Std.) und eine Fahrstraße (3 km) führen von Gutenstein zu diesem landschaftlich schön gelegenen Punkt. Gaststätten, auch für Nächtigung. Schöne Spazierwege und Ausblicke, besonders zum Schneeberg. Es ist leicht möglich, einen Besuch des Mariahilf Berges in eine Bergtour einzubeziehen, da vom Klostertal und vom Längapiestingtal Wege zu ihm abzweigen.

Mariensee, 815 m, Bl. 22, letztes Dorf im langgestreckten Tal, das sich von Aspang bis zum Arabichl hinzieht. Straße 11 km von Aspang, Postauto, im Sommer an Samstagen, Sonn- und Feiertagen Postauto ab Wien Mitte. Blau bezeichneter Weg über die Marienseer Schwaig 1¾ Std., auf den Hochwechsel noch 50 Min.

Marienseer Schwaig, 1478 m, Bl. 22, ober Mariensee (Postauto ab Aspang) an der Waldgrenze gegen den Hochwechsel zu gelegene Sommergaststätte, ab Mariensee 1¾ Std., von der man den Hochwechsel in 50 Min. erreicht.

Marktl, Bl. 1, 2, Industrieort im Traisental 3 km vor Lilienfeld. Im nahen Gut Haberreiter (Habernreith), östlich ober der Elisenhöhe wurde der Schipionier Matthias Zdarsky 1856 geboren. Dort auch die Zdarsky-Ruhe, seine Grabstätte.

Meyringer-Aussichtswarte, 1037 m, Bl. 4, auf dem Gipfel des Hochecks, (vom ÖTK betreut).

Michlbauer-Hütte, 1744 m, Bl.18, privat 6 B., 20 L., zwischen Schneealpenhaus und dem Windberg, dem höchsten Punkt der Schneealpe, zu ihm noch 40 Min.

Mieseltal, Bl. 16, ein verhältnismäßig wenig begangener Anstiegsweg von Puchberg am Schneeberg zum Kaltwassersattel, der vorerst am netten Ort Schneebergdörfl vorbeikommt, fast eben verläuft, dann aber im engen Einschnitt zum Kaltwassersattel sehr steil emporleitet, 2½ Std. Bald nach der großen Wiese zweigt rechts der Untere Herminensteig ab, eine Route für Felsgeher, doch können Orientierungskundige die schwierige Stelle (I-) umgehen.

Miesenbach, 401 m, Bl. 8, 12, Haltestelle der Gutensteiner Bahn. Dort beginnt der kürzeste Anstieg auf die Hohe Mandling, 1¾–2 Std., ebenso öffnet sich nach Süden das gleichnamige Tal, das den Zugang nach Waidmannsfeld, den Anstieg auf die Dürre Wand und Wege zur Hohen Wand freigibt. Straße nach Puchberg am Schneeberg.

Mirafälle, Bl. 8, sie waren bis zum Jahr 1914 eine Sehenswürdigkeit; durch Anlage eines Staubeckens für 10 000 cbm Inhalt wurde das Wasser industriellen Zwecken zugeführt und nur zeitweise floß der Mirabach den alten, romantischen Weg. Nun wird aber der Stausee nicht mehr genützt und die Fälle sind stets mit Wasser versorgt. Nichtsdestoweniger besteht der Fußsteig, der bei Anstieg von Muggendorf zum Karnerwirt der ausladenden Straßenserpentine oder dem rot markierten, westlich verlaufenden Anstieg vorzuziehen ist. (Vom ÖTK betreut).

Miralucke, 694 m, Bl. 7, im innersten Lamwegtal. Ursprung der Mira. Bis hierher Pkw von Pernitz (12 km), zum Unterberghaus nur noch 1¾ Std.

Mittagskogel, 862 m, Bl. 4, wenig ausgeprägter Voralpengipfel am Höhenweg von Tasshof zum Hocheck (1½ Std.). Von der Bahnstation Altenmarkt-Thenneberg auf dem Wieshofer Steig 1¾ Std., rot, dann links ¼ Std. auf den Gipfel.

Mitterbachstall, 1259 m, Bl. 19, verlassenes Almgelände am Höhenweg von der Reißtalerhütte zum Alpengasthof Moassa (Raxalpe).

Mönichkirchen, 967 m, Bl. 22, höchst gelegener Ort Niederösterreichs, der sich besonders zahlreicher Wiener Gäste zu Doppelfeiertagen erfreut und für solche Tage meist vorzeitig ausgebucht ist. Die neue aussichtsreiche Wechsel-Bundesstraße trägt noch ein übriges dazu bei, daß Pkw-Fahrer diesen Höhenluftkurort, der auch bei Wintersportlern beliebt ist, in 1½–2 Std. vom Wiener Stadtzentrum erreichen. Aber auch Nichtmotorisierte finden günstige Verbindungen vor: mit der Südbahn über Wr. Neustadt bis Aspang, dann Postauto, während der Anstieg vom Bahnhof Mönichkirchen 50 Min. erfordert. Mönichkirchen ist schon wegen seiner Höhenlage der meistgewählte Ausgangspunkt für eine Ersteigung des Hochwechsels, für die dank des Sessellifts auf die Mönichkirchner Schwaig nur 2¾ Std. erforderlich sind. Lohnend ist auch der Abstieg über den Kogel nach Aspang 3 Std., ebenso der Weg über Studentenkreuz zur Vorauer Kuhschwaig. – Mönichkirchen war der Lieblingsaufenthaltsort von Anton Wildgans,der dort immer wieder seine Schaffenskraft fand und an seinen Werken die letzte Feile anlegte. Mehrere Gedenktafeln, auch bei der Kapelle am Friedhof, wo der Dichter seinen verweilte und seinem Naturempfinden Ausdruck verlieh:
„Nun steigen wieder die geliebten Hügel
Allmählich auf am Rand des weiten Blaus,"

Mönichkirchner Schwaig, 1174 m, Bl. 22, Bergstation des Bergliftes Mönichkirchen, zu Fuß ¾ Std., zahlreiche Sommerhäuschen, das Gelände ist schon sehr verbaut, zum Hallerhaus 40 Min. Dort auch der Gasthof Enzian.

Montanhistorischer Wanderweg, Bl. 21, verbinden Steinhaus am Semmering mit dem Erzkogel beim Sonnwendstein.

Muckenkogel, 1248 m, Bl. 1, 2, Berglift von Lilienfeld-Fallgraben (40 Min. vom Bahnhof Lilienfeld) bis zur Klosteralm, 1122 m, von dort 20 Min. auf den Gipfel, weiter auf schönem Weg bis auf die Kloster-Hinteralpe, 1311 m, wo die Traisener Hütte des Touristenvereins „Die Naturfreunde" steht, 35 Min.

Muggendorf, Bl. 8, vom Bahnhof Pernitz-Muggendorf 3 km, am Eingang der Mirafälle gelegene Ansiedlung.

Muthmannsdorf, ca. 400 m, Bl. 13, an einer der schmalsten Stellen der Talmulde Neue Welt zwischen dem Wandeck und den Fischauer Bergen gelegen. Kürzester Zugang von Winzendorf an der Schneebergbahn durch die Prossetschlucht oder von Bad Fischau, den Höhenzug der Fischauer Berge querend.

Naßkamm, 1210 m, Bl. 18, 19, scharf ausgeprägter Kamm, über den der Übergang aus dem Reißtal ins Altenberger Tal führt und der das Massiv der Raxalpe von dem der Schneealpe trennt. Beginn von bezeichneten Routen auf die Schneealpe und die Raxalpe (Zahmes Gamseck).

Naßwald, 615 m, Bl. 15, alte evangelische Gemeinde, in der die männliche Bevölkerung hauptsächlich in der Holzarbeit Beschäftigung findet.

Natterbauer, ca. 525 m, Bl. 11, Gehöft bei der Gabelung des Sträßchen von Gutenstein zur Schoberkapelle und zum Öhlerkreuz. Die Gaststätte Brandstätterhof befindet sich 8 Min. weiter oben am blau bezeichneten Öhlerkreuzweg.

Naturfreundehaus Losenheim, Bl. 16, siehe unter Losenheim.

Naturfreundesteig, Hohe Wand, er führt aus dem Piestingtal (Bahnstation Waldegg) auf die Hochfläche und ermöglicht es, in der Tiefenfurche der beidseitige Felswände der Kleinen Klause unmittelbar auf die Höhe zu gelangen. Zugang von Waldegg auf der Straße durch das Dürnbachtal, bis diese scharf rechts abbiegt. Dann links zum Waldbeginn zur Gabelung zum Badener Turm, ein Kletterfels. Rechts gelb, vorerst über eine Leiter, dann in der Klamm des durch solide Haltegriffe erleichterten Steiges bis zum Jägerhaus, 1 bis 1¼ Std. Nichts für gänzlich Ungeübte, die oft hohen Schritte erfordern Anstrengung, doch keine Absturzgefahr, da im engsten Taleinschnitt verlaufend.

Naturpark Hohe Wand, Bl. 12, siehe bei Bromberg.

Naturpark Sieding – Gutenmann, ca. 500 m, Bl. 17, die Höhen zwischen dem Sierningtal und der Johannesbach-Klamm südlich der Schneebergbahn.

Naturpark-Stüberl, (im Wr. Neustädter Haus)

Neuberg an der Mürz, 730 m, Bl. 18, Endpunkt der Bahnlinie von Mürzzuschlag. Die Bahntrasse wurde noch in den letzten Jahren um 1 km bis Neuberg Ort verlängert; trotzdem ist sie von der Einstellung bedroht. Gotische Stiftskirche. Sommer-Postautolinie Wien-Neuberg-Mariazell. Beginn des Anstieges auf die Schneealpe über die Farfel 4 Std. und des Rudolfsteiges, der eine Verbindung mit dem Karlgraben herstellt, wo die Wasser der Sieben Quellen nach Naßwald geleitet werden. Anstiegsweg auf das Veitschbachtörl und auf die Hohe Veitsch.

Neukogel, Großer, 1053 m, Bl. 11, östlich des Längapiestingtales, südlich von Vorderbruck (Bahnendstelle für Gutenstein), erwähnenswerte Höhe, über die nunmehr wieder ein markierter Weg führt. Schöne Kammwanderung. Beginn des Steiges ¼ Stunde vom Bahnhof nach zweimaliger Überschreitung der Piesting links steil in den Wald, 2 Std.; für Orientierungskundige Abstieg nach Pernitz 3½ Std.

Neunkirchner Naturfreundehaus, 722 m, Bl. 17, zum Wochenende beaufsichtigte Hütte westlich der Flatzer Wand des Touristenvereines „Die Naturfreunde". Zufahrt von Ternitz über Flatz 1 Std., vorerst blau, dann gelb oder grün, von Ternitz über Schönbühel 2¼ Std. Vom Himberg über Gutenmann 4 Std.

Neuwaldhütte, 980 m, Bl. 22, im Sommer ständig, sonst nur zum Wochenende beaufsichtigte Selbstversorgerhütte des Touristenvereines „Die Naturfreunde", von St. Peter am Wechsel 25 Min.

Niederwechsel, 1669 m, Bl. 22, Erhebung am Wechselkamm, über den der Anstieg von Mönichkirchen auf den Hochwechsel führt. Von der Mönichkirchner-Schwaig 2 Std. Kriegsgräber.

Niemtal, ca. 550 m, Bl. 4, Häusergruppe am reizvollen Höhenweg von Weissenbach an der Triesting nach Furth 1½ Std.

Nördlicher Grafensteig, Bl. 16, der nördliche Teil jener Weganlage, die den Schneeberg in ungefähr halber Höhe umgürtet. Stets herrliche Blicke ins Puchberger Tal und zur Hohen Wand. Wiederholt schöne Felszenerien und aufschlußreiche Sicht in die tiefeingeschnittenen Kare, besonders zur Breiten Ries, die gegen Ende der Tour (wenn man die Richtung Baumgartner-Sparbacherhütte einschlägt) zu queren ist. Mehrere geringe Gegensteigungen. Unterkünfte unterwegs sind: die Bürkle-Rettungshütte unter der Breiten Ries, sowie die private Hansenriegel-Schihütte etwas nördlicher. Abstiegsmöglichkeit ins Tal durch den steilen und schuttreichen Schneidergraben (blau). Gesamtgehzeit 4½ Std., im Frühjahr wegen der Schneereste für Ungeübte gefährlich. Der Nördliche Grafensteig (rot bezeichnet) beginnt 10 Min. oberhalb der Haltestelle Baumgartner der Schneeberg-Zahnradbahn bzw. unmittelbar bei der Sparbacherhütte oder Edelweißhütte, wohin man ab Losenheim (bis dorthin Postauto von Ternitz und Puchberg) 1½ Std. benötigt. Der Doppelsessellift Losenheim-Sparbacherhütte bzw. Edelweißhütte erspart den Anstieg bzw. Talabstieg.

Nöstach, 443 m, Bl. 4, Ortschaft an der Straße Alland-Altenmarkt; auf den Peilstein 1¼ Std., gelb; Übergang nach Kleinmariazell 1½ Std. Postauto und Pkw über Heiligenkreuz-Alland.

Oberer Eggl, 695 m, Bl. 19, vielgenannte Gaststätte ober Prein, Ausgangspunkt für die Anstiege Preiner Schüttweg (Holzknechtsteig und Preiner-Wand-Steig).

Obersberg, 1467 m, Bl. 10, 15, lohnend und leicht ersteigbar von Schwarzau im Gebirge in 2½ Std. auf rot bezeichnetem Weg. Auf dem Gipfel die Waldfreundehütte der gleichnamigen Alpinen Gesellschaft. – Die Übergänge über den Preineckkogel zum Preinecksattel mit dem anschließenden Abstieg ins Weißenbachtal nach St. Aegyd oder ins Preintal nach Schwarzau im Gebirge bzw. nach Naßwald wären sehr lohnend, doch ist die Begehung des Bergkammes bis zum Preinecksattel ungeachtet guter Markierung infolge mehrmaligen Höhenverlustes mühsam und etwas anstrengend.

Ochnerhöhe, 1397 m, Bl. 21, leicht ausgeprägte Erhebung am Bergkamm der niederösterreichisch-steirischen Grenze. Zugänge: von Semmering über den Pinkenkogel, oder von Spital am Semmering über den Kerschbaumkogel.

Ochsattel, 820 m, Bl. 10, Paßhöhe an der Straße Kalte Kuchl-St. Aegyd am Neuwald; Haltestelle der Sommer-Postautolinie Wien-Gutenstein-Mariazell. Gaststätte. Über den Ochsattel verläuft ein Touristensteig (noch alte gelbe Zeichen) von Hohenberg-Moosbachtal-Poidlberg-Ochsattel, weiter auf Forststraße-Ochbauer-Gschaiderwirt im Schwarzatal-Schwarzau im Gebirge.

Ochsenheide, 582 m, Bl. 12, Sattelhöhe an der Straße Pernitz-Waidmannsfeld bzw. nach Puchberg am Schneeberg. Prächtiger Anblick der Dürren Wand.

Oed, 392 m, Bl. 8, 12, Bahnhof im Piestingtal. Anstieg durch das Stampftal, rot, zum Höhenweg Hohe Mandling-Vordere Mandling. Zur Berndorfer Hütte 2½ Std.

Öhler, 1183 m, Bl. 11, 16, aussichtsreiche Erhebung westlich des Öhlerkreuzes (am Übergang Puchberg am Schneeberg-Gutenstein), von dort ¾ Std. Bis auf den Gipfel unschwierig und nicht sehr mühsam (Steigung nur 156 m); der weitere, zwar äußerst lohnende Übergang zum benachbarten Schober ist aber nur orientierungskundigen Wanderern vorbehalten, da er ausgesetzt ist, ober steilen Rasenböden führt und der oft nur angedeutete Pfad dem Grat mehrmals nach rechts verläßt.

Öhlerhansl-Gasthaus, Bl. 11, am Weg von Haltberghof (nördlich von Puchberg) zum Schoberhof und zur Schoberkapelle.

Öhlerkreuz, 1027 m, Bl. 11, bei der Öhlerschutzhütte des Touristenvereines „Die Naturfreunde".

Öhlerschutzhütte, 1027 m, Bl. 11, 16, neues Haus des Touristenvereines „Die Naturfreunde" auf der Sattelhöhe des Übergangs Gutenstein-Puchberg am Schneeberg. Anstieg von Puchberg durch das Obere Sierningbachtal (3 km Straße bis zum Haltbergerhof) 2¼ Std., von Gutenstein (Straße 4 km bis zum Natterbauer) 2¾ Std. Stützpunkt für die Längsüberschreitung der Dürren Wand, für den Übergang zur Mamauwiese und für die Ersteigung des 1183 m hohen Schobers.

Orthof, 925 m, Bl. 19, am Kreuzberg. Von der Bahnstation Breitenstein 40 Min., Straße. Wandermöglichkeiten zur Speckbacherhütte ½ Std., in die Prein durch den Eselbachgraben 1 Std., zur Lucketen Wand ¾ Std., grün, zum Gaikirchl 20 Min.

Ortmann, 422 m, Bl. 8, Haltestelle der Gutensteiner Bahn 2 km vor Pernitz. In Ortmann mündet das Feichtenbachtal (Zugang zum Waxeneck) und beginnt ein etwas steiler Touristensteig zur Berndorfer Hütte auf die Hohe Mandling, 1¾ Std., gelb.

Otto-Kandler-Haus, 1195 m, Bl. 1, Alpenvereinshütte auf dem Gipfel des Hohensteins, an Sonn- und Feiertagen meist beaufsichtigt, jedoch nicht bewirtschaftet. Notunterkunft zugänglich. Ungefähr die gleiche Zeit, nämlich 3½ Std., erfordern die Zugänge von Schrambach aus dem Traisental, von Dickenau nordöstlich von Türnitz und von Kirchberg an der Pielach an der Mariazeller Bahn, von dort Straße in den Soisgraben bis zur Gaststätte Hinterbrühl, dann noch 2½ Std.

Otto-Schutzhaus, 1644 m, Bl.19, im Jahre 1893 am Jakobskogel vom Alpenverein erbaut, zählt zu den beliebtesten und auch leicht erreichbarsten Schutzhütten auf der Raxalpe, wird auch heute noch der in Hirschwang an der Rax oder in Edlach an der Rax beginnende Törlweg (diese Bezeichnung bezieht sich auf das oberste Stück) viel begangen (3–4 Std.), so ziehen seit der Eröffnung der Raxseilbahn ungeahnte Scharen von dort zum Ottohaus (40 Min.), das den größten Tagesbesuch aller Rax-Schutzhütten aufweist. Der Pächter Camillo Kronich (siehe im Sachwortregister) war mit dem Otto-Schutzhaus seit Jahrzehnten eng verbunden.

Panhans-Hotel, Bl. 21, am Semmering gegen die Paßhöhe, im alten Stil errichtetes Großhotel; nach den Zerstörungen im Jahre 1945 wieder aufgebaut. Heute ist ein Teil mit Appartement-Wohnungen ausgestattet.

Parapluiberg, 587 m, Bl. 1, Aussichtswarte nordöstlich von Lilienfeld ¾ Std.

Paulmauer, 1247 m, Bl. 5, ein markantes Berghorn mit beachtenswerten Felswänden, das auch umfassende Ausblicke bietet. Kürzester Anstieg, steil, von St. Aegyd am Neuwald zur Zdarskyhütte 1¾ Std., von dort noch eine knappe Stunde. Mit der Ersteigung des Türnitzer Högers und Abstieg nach Türnitz eine starke Tagestour.

Payerbach, 483 m, Bl. 20, unweit des Bahnhofes Payerbach-Reichenau im Tal der Schwarza gelegene Sommerfrische und Wintersportort, der durch die Nähe der Raxalpe, des Schneebergs, aber auch des Kreuzberges und des Semmerings soviel Ausflugsmöglichkeiten bietet, wie kaum ein anderer Ort. Payerbach ist Ausgangspunkt markierter Wege auf den Schneeberg (Eng und Promischkagraben), zur Bodenwiese (Waldburgangerhütte) und auf den Kreuzberg.

Peilsteinhütte, 1350 m, Bl. 19, unbewirtschaftete Schutzhütte der gleichnamigen alpinen Gesellschaft, unweit des Waxriegelhauses im Siebenbrunngraben der Raxalpe.

Peisching, 365 m, Bl. 9, 12, 13, Dorf knapp vor Waldegg, siehe dortselbst.

Pernitz, 430 m, Bl. 8, das bis dorthin enge Piestingtal wird knapp vor Pernitz breiter und verleiht der Landschaft mit seiner waldreichen Umgebung einen lieblichen Charakter. Besonders gegen Süden ist das Gelände bis zur Sattelhöhe der Ochsenheide, 582 m, offen und gibt prächtige Bilder zum felsendurchzogenen Gebirgsstock der Dürren Wand frei. Letzter Bahnhof vor Gutenstein. Pkw-Besitzer fahren – wenn sie nicht den Weg über die Sattelhöhe Auf dem Hals nehmen wollen – auf der Südautobahn bis zur Abfahrt Wöllersdorf und dann im engen Piestingtal, das knapp für den Bach, das eine Gleis und eine nicht sehr breite Straße, Platz freiläßt, bis Pernitz.
Ausgangspunkt für Touren auf das Kieneck (Lamwegtal, Mirabach), die Steinwandklamm sowie auf das Waxeneck und auf die Hohe Mandling sowie für die Kammbegehung der Dürren Wand. Zur Raimund-Villa ½ Std., Besichtigung gegenwärtig kaum möglich.

Peter-Moser-Hütte, 1442 m, Bl. 18, Alpenverein, auf der Hinteralm, siehe dortselbst.

Pfaff, Großer, 1555 m, Kleiner, 1539 m, Bl. 21 (am unteren Kartenrand), ausgeprägte und sehr lohnende Berge, über die der bezeichnete Höhenweg (Stuhleck-)Pfaffensattel-Feistritzsattel führt, ca. 1¾ Std., über die beiden Gipfel jedoch nicht bezeichnet.

Pfaffensattel, 1372 m, Bl. 21, höchster Punkt der Straße von Steinhaus am Semmering durch das Fröschnitztal nach Rettenegg. Kürzester Anstieg, 1¼ Std., auf das Stuhleck. Gaststätte.

Pfarrer Berghaus, 1132 m, Bl. 12, am Plackles, siehe dortselbst.

Pfarrersteig, Bl. 12, dieser zweigt vor den Felsen vom Grafenbergweg (Hohe Wand) ab, er ist nicht sehr lohnend, zum Teil sogar durch Zäune des Besitzers gesperrt. Oben das Berghaus Pfarrer, von ihm der Name.

Pfarrkogel, 470 m, Bl. 9, östlicher Ausläufer der Triestingtaler Berge gegen das sie begrenzende Triestingtal. Auf bezeichnetem Weg von der Jauling nach Hirtenberg 1 Std., grün.

Piesting Markt, 349 m, Bl. 9, 13, und Oberpiesting, 190 m höher die Ruine Starhemberg. Von beiden Bahnstationen sowie von der dazwischen liegenden Haltestelle Dreistetten hat man sowohl nord- wie südwärts des Piestingflusses Wanderungsmöglichkeiten; der größte Teil Ausflügler begibt sich auf die Hohe Wand. Lohnend und nicht sehr mühevoll ist eine Rundtour auf das Wandeck, wobei man auch den vielgenannten Ort Dreistetten berührt.

Pinkenkogel, 1292 m, Bl. 21, ober dem Semmering, auf mehreren mehr und weniger steilen Wegen vom Semmering in ungefähr 1½ Std. erreichbar. Rodelbahn zum Südbahnhotel. Vom Pinkenkogel bezeichneter Höhenweg über Ziereck-Ochnerhütte-Kampalpe (Abstieg nach Spital am Semmering)-Drahtekogel (Abstieg zum Preiner Gscheid)-Große Scheibe (ober Mürzzuschlag), stets am Bergkamm verlaufend, jedoch vom Semmering bis Mürzzuschlag auch für rüstige Geher 6–7 Std. Das Schutzhaus ist nun wieder bewirtschaftet.

Plackles, 1132 m, Bl.12, die höchste Erhebung im gesamten Hohen-Wand-Bergstock, Berghaus Pfarrer und Hütten kleiner Gesellschaften. Der beste Aussichtspunkt ist die Große Kanzel.

Plattner-Gasthof, 825 m, Bl. 2, unweit der Straße Kleinzell-Ebenwald; von dort der kürzeste Zugang zur Schwarzwaldeckhütte (heute Kinderheim).

Poirshöhe, 1374 m, Bl. 21, bewaldete, wenig ausgeprägte Höhe am Kamm (Weinweg) vom Sonnwendstein zum Feistritzsattel, 2¼ Std., rot.

Pöllau, 383 m, Bl. 9, Dorf auf breiter Wiesenfläche, von allen Seiten von Wald umgeben. Zufahrt von Berndorf 4 km. Markierte Wege nach Grabenweg und zum Waxeneckhaus.

Pollereshütte, 1523 m, Bl. 21, am Sonnwendstein bei der Bergstation des Sesselliftes von Maria Schutz.

Postl-Gasthof, 892 m, Bl. 12, 13, moderner, auf den breiten Langwiese äußerst zentral gelegener Gasthof, man kann fast sagen, inmitten der Hochfläche. Tourenstützpunkte für Übergänge sowohl zum Wandeck wie zum Plackles als auch zur Hohen-Wand-Straße (zum Autobus 2 km) und für Übergänge Waldegger Hütte-Dürnbachtal.

Pottschach, 427 m, Bl. 17, Stadtteil von Ternitz. Beginn des Fahrsträßchens über Vöstenhof-Burg-Gasteil-Prigglitz, ebenso auf die Bodenwiese, doch ist die Straße bald hinter Burg auf den Gahns für Pkw gesperrt. Markierter Fußweg von Burg zur Bodenwiese 2¼ Std.

Pottschacher Hütte, 914 m, Bl. 17, 20, auf dem Gahns, Selbstversorgerhütte des Touristenvereins „Die Naturfreunde", auch Nächtigung. An Samstagen von 15 Uhr, an Sonn- und Feiertagen bis 17 Uhr bewartet. Zu erreichen am kürzesten von Prigglitz (Postauto von Gloggnitz 5 km) 1 Stunde, von der Haltestelle der Schneeberg-Zahnradbahn Baumgartner 3¼ Std., vom Naturparkzentrum Sieding-Sixensteın 2¼ Std. Übergänge zur Waldburgangerhütte am Südrand der Bodenwiese 1½ Std., zum Friedrich-Haller-Haus über Lackaboden 2½ Std. rot/grün/blau.

Praterstern, 1623 m, Bl. 19, Kreuzungspunkt am Weg Otto-Schutzhaus-Bergstation der Raxseilbahn, kaum 10 Minuten nördlich vom Otto-Schutzhaus (Wachthüttelkammweg, Alpenvereinssteig, Klobentörl).

Prein an der Rax, 680 m, Bl. 19, letzter Ort des sich von Reichenau zum Preiner Gscheid hinziehenden Tales (Postauto), auch als Sommerfrische beliebt. Hübsche, hochgelegene Kirche und Friedhof. Mit Ausnahme des Preiner Schüttweges (Preiner Wand) und des sich abspaltenden Griesleitentales werden Anstiege auf die Raxalpe heute zumeist vom 390 m höher gelegenen Preiner Gscheid (Postauto) ausgeführt. Prein ist auch Ausgangspunkt für Wanderungen zur Kampalpe, auf den Kreuzberg, zum Haakogel und zur Lucketen Wand.

Preinbachtal, Bl. 15, Landschaft um das gleichnamige Tal (westlich von Schwarzau im Gebirge), dessen Bach unweit der Gscheidlhöhe entspringt, sich bei der Preinmühle südostwärts wendet, in Naßwald den Naßbach aufnimmt und bei der Singerin in die Schwarza mündet. Rot bezeichneter schöner Weg vom Triebl unter dem Preinecksattel bis Schwarzau im Gebirge bzw. Naßwald.

Preineckkogel, 1449 m, Bl. 10, 15, kaum ausgeprägte Höhe auf dem Kamm Obersberg Preinecksattel; der Weg ist nicht in bestem Zustand und mühsam begehbar.

Preinecksattel, ca. 1400 m, Bl. 14, 15, verbindet (blau bezeichnet) das Preinbachtal (Schwarzau im Gebirge) mit dem Weißenbachtal (St. Aegyd am Neuwald). Ebenso endigt am

Preinecksattel der etwas unangenehm begehbare Höhenweg vom Obersberg, 2–3 Std., der dann die beiden Abstiegsmöglichkeiten bietet.

Preiner Gscheid, 1070 m, Bl. 19, Sattelhöhe der Straße aus dem Preintal ins Mürztal, Landesgrenze Niederösterreich/Steiermark. Postautostation. Kürzester Zugang auf die Raxalpe zum Carl-Ludwig-Haus und zum Waxriegelhaus, da wesentlich geringere Höhendifferenz als von Prein. Weiters Stützpunkt für den Übergang Reißtalerhütte-Raxental-Kapellen und auf die Kampalpe-Mürzzuschlag bzw. zum Semmering.

Preiner Wand, Bl. 19, von der Raxalpe gegen die Prein zu abfallende Felswände, durch die der Preiner-Wand-Steig zur Holzknechthütte hinaufführt. Besonders wirkungsvoller Anblick an Nachmittagen.

Preiner-Wand-Steig, Bl. 19, man kommt zum Beginn des Preiner-Wand-Steiges, wenn man von Prein an der Rax auf dem Preiner Schüttweg bis zur Gabelung Holzknechtsteig/Preiner-Wand-Steig ansteigt und dann rechts in ca.1 Std. die schuttreichen, felsigen Abstürze der Preiner Wand durchsteigt. Nicht für jedermann geeignet, sehr mühsam, Versicherungen, Schwindelfreiheit und Trittsicherung unbedingt erforderlich.

Preinmühle, 695 m, Bl. 15, südwestlich von Schwarzau im Gebirge bei der Gabelung der Wege nach Schwarzau im Gebirge und nach Naßwald.

Prigglitz, 635 m, Bl. 20, an der Gahnsleiten, nordwestlich von Gloggnitz gelegener Ort, der in den letzten Jahren als Sommerfrische mit Erfolg propagiert wurde. Zu erreichen von Gloggnitz mit Postauto, zu Fuß ab Gloggnitz Bahnhof über Silbersberg in 1½ Std., von der Bahnhaltestelle Schlöglmühl in 1 Std. Ausgangspunkt für den Gahns (an der Pottschacher Hütte vorbei), zur Steinfelderhütte und zur Waldburgangerhütte.

Promischkagraben, Bl. 20, ein von der Eng sich ober den Felsen abspaltender Graben, der (gelb) zum Friedrich-Haller-Haus auf der Knofeleben führt.

Prossetschlucht, Bl. 13, enges Felsental, das die Kette der Fischauer Berge teilt. Man begeht sie ab Winzendorf, um rasch zu den im Talbecken der Neuen Welt gelegenen Orten am Fuße der Felsabstürze der Hohen Wand zu kommen. Ober der Schlucht die Ruine Emmerberg, weshalb der Einschnitt auch unter dem Namen Emmerberger Klause bekannt ist.

Puchberg am Schneeberg, 585 m, Bl. 11, 16, besonders der Bergsteiger betrachtete Puchberg hauptsächlich als Ausgangspunkt für Touren auf den Schneeberg, der durch den breiten Talkessel eine wahre Hochgebirgsszenerie bietet, wie sie in so geringer Entfernung von der Großstadt kaum denkbar ist. Die „alte" Zahnradbahn (100 Jahre) hat natürlich das ihre dazu beigetragen, daß man sich – 29 Jahre bevor die Raxseilbahn eröffnet wurde – fünf harte Gehstunden ersparen konnte, wenn man dafür ein paar Kronen opferte.
Im Laufe der Jahre legte sich dieser Markt mit vollem Recht die Attribute Luftkurort und Wintersportplatz zu und seit man an Zweitwohnungen denkt, verbringen viele Menschen – und keinesfalls nur Bergsteiger – ihre Wochenenden im Angesicht der Felsen und tief eingeschnittenen Kare des Hochschneebergs, besonders in den Ortsteilen Sonnleiten, Unternberg, Mittering und Prater.
Aber auch als „heiklimatischer" Kurort spielt Puchberg heute eine Rolle, im Kurmittelhaus gibt es Unterwasser- und Elektrophysikalische Behandlungen, die geschützte Beckenlage bedingt ein mildes Reizklima.

Raimundviertel, Bl. 8, Name einer Häusergruppe westlich von Pernitz.

Raimundvilla, Bl. 8, 2 km westlich von Pernitz, am Waldesrand gelegen; von Bahn und Straße die nach Gutenstein führen ausnehmbar. Besichtigung gegenwärtig kaum möglich.

Rainfeld, Bl. 2, Bahnhaltestelle Rainfeld-Kleinzell, im Gölsental westlich von Hainfeld. Beginn der Fahrstraße nach Salzerbad und Kleinzell (10 km), von dort auf der Straße zum Ebenwaldhaus.

Raingupf, 1065 m, Bl. 3, 7, Höhe etwas seitlich des markierten Weges von Kaumberg zum Kieneck.

Ramsau und Ramsautal, Bl. 3, das bei Hainfeld mündende Ramsautal ist für Wanderer ein geschätzter Zubringerast für Touren auf das Kieneck und den Unterberg; bis zum Hotel Adamstal, 541 m, Postautoverkehr von Hainfeld (10 km). Von Adamstal erreicht man in 2¼ Std.

42

das Unterberghaus (zum Vergleich, ab Gutenstein 3½–4 Std.), auch bestehen Markierungen für Rundwanderungen. Pkw-Fahrer können von Hainfeld über Ramsau-Adamstal-Gütenbachtal-Kleinzell-Rohrbach-Hainfeld eine lohnende Rundfahrt (ca. 40 km) ausführen.

Rastkreuz, 868 m, Bl. 12, in der Einsattelung des am meisten gegen Südwesten vorgeschobenen Hohen-Wand-Bergzuges, des Plackles und das deutlich erkennbare Geländ. Scheibenhütte, Gaststätte am Rastkreuzsattel.

Ratzenecksteig, Bl. 1, sehr steiler und nicht instandgehaltener Anstieg von Schrambach zum aussichtsreichen Almgelände „Am Himmel", Höhenunterschied 518 m, 2 Std.

Raxenmäuer, Bl. 19, Felsabstürze am Südrand des Raxalpenplateaus unter der Heukuppe. Der gelb bezeichnete Reißtaler Steig führt durch die Wand direkt zur Hochfläche nah der Heukuppe, wenig Sicherungen, fast für jedermann gangbar.

Raxenmäuersteig, Bl. 19, blau bezeichneter Steig, der, wenn auch steil, so doch den kürzesten Anstieg von der Reißtalerhütte zum Carl-Ludwig-Haus auf der Raxalpe ermöglicht, 1½ Std. Kaum irgendwelche Schwierigkeiten.

Raxental, Bl. 18, 19, Taleinschnitt südlich der Raxalpe und nördlich des Höhenzuges Mürzzuschlag-Drahtekogel-Semmering. Autostraße Preiner Gscheid-Altenbergtal.

Raxgmoahütte, 1858 m, Bl. 19, offene Unterstandshütte, unmittelbar neben der Hans Nemecek Rettungshütte, am Trinksteinsattel (Raxalpe), über den der Weg von Habsburghaus zur Preiner Wand (-Waxriegelhaus bzw. Otto-Schutzhaus) führt.

Raxkircherl, Bl. 19, am 20. September 1936 hat die Raxalpe ober den Raxenmäuern ein kleines Kirchlein erhalten, das unweit des Carl-Ludwig-Hauses steht und dem Schutzpatron der Bergsteiger, dem hl. Bernhard von Menthon, geweiht ist.

Raxseilbahn, Bl. 19, 10, als erste Seilbahn Österreichs am 9. Juni 1926 eröffnet, überwindet sie von der Talstation Hirschwang bis zur Bergstation auf der Raxhochfläche einen Höhenunterschied von 1017 Metern, wodurch 3 Anstiegsstunden erspart werden. Von der Bergstation zum Otto-Schutzhaus 40 Min., zum Carl-Ludwig-Haus 3 Std., zum Habsburghaus 3 Std. Siehe auch in der Einleitung.

Redensteig, Bl. 19, Raxalpe. Wegverbindung südlich der Raxenmäuer von der Reißtalerhütte ins Raxental.

Reichenau an der Rax, 484 m, Bl. 29, einer der Wien nächstgelegenen Kurorte, der sich durch die Raxalpe und den Schneeberg einer hochalpinen Umgebung erfreut. Dank des Postautoverkehrs in das Höllental, zum 1070 m hohen Preiner Gscheid, aber auch zum Kreuzberg, haben Sommer- und Wintergäste die Möglichkeit, mühelos Ausflüge zu unternehmen, die bis nahe zu den Steilwänden der Raxalpe und ins romantische Höllental führen. Bahnstation ist Payerbach-Reichenau.

Reisalpe, 1399 m, Bl. 6, seinerzeit aus dem Traisental, von Furthof und Hohenberg, aber auch von Lilienfeld über die Klosteralpe (heute durch den Muckenkogel-Sessellift erleichtert) viel besuchter Aussichtsberg, da man in 3 Std. (von Lilienfeld in 5 Std.) das Ziel erreicht. Viel kürzer gelangt man nun auf die Reisalpe, wenn man mit dem Pkw von Kleinzell (südlich von Rainfeld im Gölsental) die Straße zur Ebenwaldhöhe benützt und von dort, am Westabhang des Hochstaff entlang, zur Kleinzeller Hinteralm und auf die Reisalpe ansteigt, wozu ab Parkplatz nur 2 Std. erforderlich sind. Kein Linien-Autobusverkehr nach Ebenwald! Auf dem Gipfel der Reisalpe das Reisalpenschutzhaus des Österreichischen Touristenklubs, das von Ostern bis 6. November zu den Wochenenden und außerdem von Mitte Juni bis 30. September an Werktagen bewirtschaftet ist. – Bei Höhenwanderungen vom Gölsental (St. Veit an der Gölsen) zur Reisalpe und Abstieg ins Traisental wird der Gipfel des Hochstaff links liegen gelassen, auch könnten fast 400 Höhenmeter erspart werden, wenn man dem Waldsträßchen vor der Hinteralm zur Brennalm folgt; von St. Veit an der Gölsen nach Furthof ohne Reisalpengipfel 7½ Std., mit der Besteigung der Reisalpe 8½ Std., rüstiges Ausschreiten vorausgesetzt.

Reisalpenschutzhaus, 1390 m, Bl. 6, Schutzhaus des Österreichischen Touristenklubs, wenige Meter unter dem Gipfel der Reisalpe, siehe dortselbst.

Reißtal, Reißtalklamm, Bl. 19, Straße mit Fahrverbot im Gebiet der Raxalpe, die von Hinter-

naßwald zum Beginn der Steige auf den Naßkamm zu den Kahlmäuern, zur Scheibwaldhöhe und zum Habsburghaus führt.

Reißtalerhütte, 1447 m, Bl. 19, unbewirtschaftete Schutzhütte auf der Raxalpe unter den
Raxenmäuern. Vom Preiner Gscheid 1¼ Std.

Reißtaler Steig, Bl. 19, gelb bezeichneter Weg, der vom Preiner Gscheid vorerst zur unbe-
wirtschafteten Reißtalerhütte (350 m Steigung) und dann auf die Hochfläche der Raxalpe
führt, wohin noch 500 m Steigung zu bewältigen sind. Insgesamt ca. 3 Std.

Rinnhofer-Hütte, 1783 m, Bl. 18, derzeit geschlossen.

Rohr im Gebirge, 683 m, Bl. 6, 7, 10, inmitten von Bergen gelegener Ort, der wegen seiner
Abgeschiedenheit von vielen Sommerfrischlern bevorzugt wird. Im Sommer zu erreichen mit
dem Postauto Wien-Mariazell, ständig ab Payerbach-Reichenau mit den nach Schwarzau im
Gebirge verkehrenden Postautos. Ab Wien 87 km, ab Gutenstein 40 km, ab Payerbach-
Reichenau 36 km. Pkw-Fahrer wählen einen dieser Wege oder fahren im Triestingtal bis auf
die Gerichtsberghöhe, dann bis zur Abzweigung nach Kleinzell und über die Kalte Kuchl
nach Rohr im Gebirge. – Ausgangspunkt für die Ersteigung des 1266 m hohen Jochart
2 Std., rot, dann blau, über das Hammertörl 2¼ Std., rot; über Klauswirt auf den Unterberg
4 Std. Mehrere Möglichkeiten auch für kleinere Ausflüge.

Rohrbachgraben, 618 m, Bl. 16, Ansiedlung südlich von Puchberg am Schneeberg, auf
Straßen in 1¼ Std. erreichbar, nur ¾ Std. von der Haltestelle Hauslitzsattel der Schneeberg-
Zahnradbahn. Rohrbachgraben ist Ausgangspunkt für Wanderungen auf den Gahns und zur
Bodenwiese.

Rohrer Sattel, 864 m, Bl. 11, höchster Punkt der ausgebauten Straße Gutenstein-Rohr im
Gebirge.

Roßbachklamm, Bl. 6, auch „Roßbacher Steinklamm", am Ende des Überganges von Rohr
im Gebirge ins Innerhalbachtal. Der in Rohr am Gebirge bei der Volksschule beginnende
Steig leitet vorerst durch einen auf einer Anhöhe gelegenen Bauernhof, später spaltet sich
der Pfad auf den Jochart ab. Zur Roßbachklamm gelangt man (rot) am Gehöft Roßeck vorbei und kommt zu dem schmalen Einschnitt mit dem überhängenden Felsen, der für den
Durchgang aber kaum 5 Min. Zeit erfordert. Der kürzeste Zugang erfolgt von der Gaststätte
Kalte Kuchl (im Sommer Postauto ab Wien) 2 km nördlich im Halbachtal.

Rote Wand, 970 m, Bl. 20, von Payerbach und besonders von Werning gut sichtbare Felswand, ober der man beim Anstieg zur Waldburgangerhütte (über Schedlbauer) vorbeikommt.
Herrlicher Tiefblick ins Schwarzatal. Vorsicht beim Vortreten zum Absturz, Gaststätte in aussichtsreicher Lage ober Payerbach am Anstiegsweg zur Bodenwiese.

Rudolf-Fordinal-Hütte, 720 m, Bl. 8, am Gr. Kitzberg südlich von Pernitz, von dort 1¼ Std.,
zu den Wochenenden bewirtschaftet.

Rudolfsteig, Bl. 15, 19, der einzige nicht schwierige Anstiegsweg (aber doch Sicherungen,
ausgesetzt, Schwindelfreiheit und Trittsicherheit erforderlich) aus dem Höllental ober der
Klobenwand zum Klobentörl auf der Raxalpe. Nach den Zerstörungen durch den Windbruch
im Jänner 1976 im Jahr 1982 wieder instandgesetzt und rot bezeichnet. Abzweigung von der
Straße im Höllental, bei der Mündung des Kleinen Höllentals, doch dann sofort am Hang
links hinauf. Der ober der Klobenwand verlaufende Steig bietet einmalige Tiefblicke in das
Große Höllental, in 1538 m Höhe mündet der Hoyossteig ein. Bis auf das Klobentörl 3½ Std.

Ruine Emmerberg, Bl. 13, erhebt sich ober der Prossetschlucht und ist von der Häusergruppe Emmerberg leicht erreichbar. Man erfreut sich von der wahrscheinlich aus dem 13.
Jahrhundert stammenden Burg eines schönen Blicks zur Hohen Wand, der durch das vor-
gelagerte Talbecken der Neuen Welt besonders instruktiv ist. Von Winzendorf 40 Min.

Ruine Starhemberg, 542 m, Bl. 13, südlich von Oberpiesting, da auf einer markanten Wald-
kuppe stehend, schon von weitem sichtbar. Vermutlich vom Markgrafen Ottokar III. von der
Steiermark im 12. Jahrhundert erbaut. Bei der zweiten Türkenbelagerung 1683 war sie der
Zufluchtsort für mehr als 10.000 Verfolgte. Schäden im Jahre 1945, vorläufig dem Verfall
preisgegeben.

Salzerbad, 463 m, Bl. 2, 3, Evangelische Erholungsheime und Solbad, 300 m östlich des Halbachtales. Zufahrt: Straße von Rainfeld im Gölsental durch das Halbachtal Richtung Kleinzell. (Bahnhaltestelle Rainfeld-Kleinzell) Abzweigung nach Salzerbad ca. 2 km vor Kleinzell. Busverkehr nur an Werktagen. Bei der Einmündung des Salzergrabens in die Kleinzeller Straße beginnt, bei einer mitten in einer Wiese stehenden Hütte, der steile Anstieg (gelb) auf das Schwarzwaldeck.

St. Aegyd am Neuwald, 588 m, Bl. 5, Bahnhof 1½ km vor dem Ort bei der Einmündung des Weißenbachtales, Haltestelle direkt im Markt, der von Bergen rechts und links des Tales der (Unrecht) Traisen umrahmt ist. Gegenwärtig Endstation (seinerzeit war diese Kernhof). Als Sommerfrische sehr beliebt; seine wirtschaftliche Entwicklung verdankt der Ort den Stahlwerken. Außer der nahen Paulmauer und dem Türnitzer Höger ist St. Aegyd wegen des Zugangs zum Gippel und Göller zum Obersberg (Bl. 15) als Talort viel besucht. Auch der Anstieg durch das Tal der Unrecht-Traisen zum Talschluß auf das Gscheid am Knollenhals wird gern ausgeführt. Die Naturfreunde St. Aegyd haben mit der Gemeinde und Grundbesitzern einen Mountainbike-Rundkurs auf dem Klaushoferberg eingerichtet.

St. Christof, 666 m, Bl. 20, beim Anstieg von Schlöglmühl auf den Gahns gelangt man nach 25 Min. zu dieser kleinen Niederlassung.

St. Corona am Wechsel, 844 m, Bl. 22, Wallfahrtsort, auch Sommerfrische, in aussichtsreicher Lage mit Blick gegen das Feistritztal sowie gegen den Schneeberg und die Raxalpe. Berglift zum Kampstein, mit Sommerrodelbahn ab Mittelstation, bezeichnete Wege zur Franz-Kaupe-Hütte 2 Std., blau-grün-gelb, nach St. Peter am Wechsel 2 Std., blau-grün und nach Kirchberg am Wechsel zum Teil Straße. Im Sommer an Samstagen, Sonn- und Feiertagen direkter Postauto-Linienverkehr ab Wien Mitte.

St. Peter am Wechsel, 881 m, Bl. 22, am Südabhang des Kampsteins hochgelegene Sommerfrische, wohin man durch die Große Klause (Postauto) oder über den Schandlbauer gelangt. Markierte Wege nach Unternberg-Thernberg-St. Corona 1¾ Std., rot, zur Franz-Kaupe-Hütte am Kampstein 1½ Std., grün/blau, und zur Kampsteiner Schwaig 2 Std., gelb/rot. Im Sommer an Samstagen, Sonn- und Feiertagen direkter Postauto-Linienverkehr ab Wien Mitte.

St. Veit an der Gölsen, 369 m, Bl. 2, Marktgemeinde im Gölsental, Ausgangspunkt zur Staffspitze und zur Staffhütte der „Naturfreunde" 1 Std.

St. Veit an der Triesting, 302 m, Bl. 9, Haltestelle der Triestingtalbahn vor Berndorf. Nördlich über Haidlhof zum Eisernen Tor 3½ Std., südlich Straße in den Jaulinggraben auf den Jauling und auf den Pfarrkogel.

Saugraben, Bl. 12, 13, Taleinschnitt, der vom Ende der Hohen-Wand-Straße zur Großen Klause führt und die Verbindung zum Höhenweg zur Waldegger Hütte sowie nach Peisching herstellt (grün).

Saukogel, 1545 m, Bl. 11, 16, höchste Erhebung am Kuhschneeberg, wo der aus der Vois kommende Anstiegsweg im Steinlehgraben, grün, und der Schnellerwagsteig, blau, von der Singerin (3½ Std.) zusammenkommen, um (weiter grün) über die Sauböden zur Sparbacherhütte bzw. zur Edelweißhütte, gelb, oder zur Kienthalerhütte zu führen.

Saurüsselbrücke, Bl. 15, enge Schlucht ober Naßwald an der Straße nach Hinternaßwald.

Schanzkapelle, Bl. 21, in stimmungsvoller Landschaft am Kreuzungspunkt der Wege von Schottwien und Maria Schutz-Göstritz-Schlagl sowie von Schottwien zum Kummerbauer Stadl am Fuße der Otterberge stehende Andachtsstätte.

Scheibenhütte, 868 m, Bl. 12, am Rastkreuzsattel, Gaststätte, von Grünbach 1½ Std.

Scheibwaldhöhe, 1943 m, Bl. 19, ausgeprägte Höhe am Hochplateau der Raxalpe südwestlich der Lechnermauern, über die der grün markierte Weg Klobentörl-Trinksteinsattel verläuft. Abzweigungen zum Habsburghaus, zum Carl-Ludwig-Haus, zum Waxriegelhaus und zum Otto-Schutzhaus.

Scherrerwirt, ca. 500 m, Bl. 13, vielbesuchte Gaststätte an der Straße Markt Piesting-Dreistetten. Zur Ruine Starhemberg ¼ Std.

Scheuchenstein, 556 m, Bl. 12, idyllisch gelegenes Dorf zwischen den mächtigen Felsgebilden der Hohen und der Dürren Wand. Von der Bahnhaltestelle Miesenbach 1½ Std. Scheuchenstein wird auch zum Gedenken an den berühmten Landschaftsmaler Friedrich Gauermann gern aufgesucht, der dort am 20. September 1807 im heutigen Gauermannhof (5 Min. außerhalb des Dorfes) geboren wurde und am 7. Juli 1862 verstarb. Beachtenswert ist auch die Ruine Scheuchenstein.

Schlangenweg, Bl. 19, führt vom Preiner Gscheid, richtiger ab der Siebenbrunnenwiese zum Carl-Ludwig-Haus auf der Raxalpe. Es trägt seinen Namen von den vielen Kehren, des bis zum Siebenbrunngraben fahrbaren Sträßchens (für Pkw gesperrt, denen noch einige Schleifen oberhalb desselben bis zum Einschnitt vor dem Predigtstuhl folgen. Er stellt den ältesten Anstieg auf die Heukuppe, mit 2007 m der höchste Punkt der Raxalpe, dar. Höhendifferenz Preiner Gscheid-Carl-Ludwig-Haus 726 m, Gehzeit bei Benützung der Abkürzungen 2¼ Std.

Schlöglmühl, 450 m, Bl. 20, bekannt durch die ehemalige Papierfabrik, obwohl nur Haltestelle für Regionalzüge, nehmen dort einige touristische Wege ihren Ausgang, so nach Prigglitz 1 Std., und über St. Christof zur Waldburgangerhütte.

Schneealpenhaus, 1782 m, Bl. 18, Schutzhaus der Wiener Alpenvereinssektion Österreichischer Gebirgsverein am Schauerkogel der Schneealpe. Zugänge: a) von Kapellen über das Kampl (kürzester Weg 3¼ Std., Pkw-Fahrer können bis zum Parkplatz in 1480 m Höhe fahren (Mautstraße), b) von Neuberg über die Farfel 3½ Std.; c) von Kapellen durch das Altenberger Tal und im Lohmgraben 3¾ Std.; d) von den Hütten auf der Hinteralm über den Tabersattel und den Windberg 3 Std.; e) vom Naßkamm über die Ameisbühelalm 2½ Std. Auf den höchsten Punkt der Schneealpe, den 1903 m hohen Windberg, sind es noch 50 Min.

Schneeberg-Zahnradbahn, Bl. 16, in Niederösterreich, wo es – vergleichsweise mit anderen an den Alpen teilhabenden Bundesländern – nur wenig Seilbahnen gibt, besteht seit dem Jahre 1897 eine der interessantesten Bergbahnen, die Zahnradstrecke Puchberg am Schneeberg-Hochschneeberg. Bald von der privaten Aspangbahn übernommen, ging sie 1937 in den Besitz der Österreichischen Bundesbahn über (1997 ist sie also 100 Jahre alt). Die Beförderungszahl betrug vor dem Ersten Weltkrieg, die 20.000 Personen. Bis heute stieg die Zahl der Reisenden beträchtlich, 1200 bis 1500 Personen pro Tag. Je Fahrt werden 600 kg Kohle verheizt. Wenngleich, durch den Zahnstangen- und Dampfbetrieb bedingt, die Geschwindigkeit sehr mäßig ist (für die 9,7 km lange Strecke benötigen die Züge in der Bergfahrt 80, in der Talfahrt, alles mit kurzen Aufenthalten, 85 Minuten), so hat die Bahn im Zeitalter der nie genügenden Geschwindigkeiten die Freunde der Beschaulichkeit und des Genießens auf ihrer Seite, und es begrüßt jeder Bergsteiger, daß er die 820 oder 1218 Meter zur Haltestelle Baumgartner bzw. zur Endstelle Hochschneeberg zu steigen erspart hat und mühelos auf das Plateau des Hochschneebergs gelangt ist. Durch die Schneeberg-Zahnradbahn ist vor allem die Begehung der beiden Grafensteige als Tagestour möglich, und vielfach unternimmt man Schneeberg-Rundtouren von Baumgartner aus.
Der Schienenweg leitet von Puchberg vorerst am Osthang des Hengst zum Kaltwassersattel, von dem dann plötzlich das gewaltige Schneebergmassiv sichtbar wird. Nach der Haltestelle Baumgartner steigt die Trasse mit 200 Promille Steigung in zwei Schleifen steil hinan, zwei Tunnel tragen zur Romantik bei, in Kürze ist die Endstation erreicht.
Es ist fast eine Kuriosität, daß die Strecke dieser Bahn im Jahre 1973 erweitert wurde. Man hat die Geleise um 150 m bei einer Höchststeigung von 32,3 Promille bis zum Hotel Hochschneeberg herangeführt, was gewiß sehr angenehm ist.
In den Wintermonaten, November bis einschließlich April, eingestellt.

Schneebergbahn, Bl. 13, 12, 16, 1897 durch Arnoldi erbaut, stellt eine direkte Verbindung mit Wien oder Wiener Neustadt bis Puchberg her; bis 1931 war sie im Besitz der privaten Aspangbahn, die ein eigenes Streckenstück von Sollenau nach Feuerwerksanstalt hergestellt hatte, um den Verkehr zu beschleunigen. Seit 1972 bestehen Verbindungen nur noch über Wiener Neustadt. Verkehrt im Einstundentakt.

Schneebergdörfl, 693 m, Bl. 16, im Puchberger Tal, halbwegs zwischen Puchberg und den Abstürzen des Schneebergs reizend gelegene Ansiedlung mit einfacher Gaststätte. Von Puchberg 1 Std., Verbindungswege nach Losenheim und zum Hauslitzsattel. Anstiege vom Schneebergdörfl durch das Mieseltal bis zur Haltestelle Baumgartner 2½ Std., und im Schneidergraben bis auf die Hochfläche 3½ Std.

Schneedörfl, Bl. 20, Häusergruppe ober dem Bahnhof Payerbach-Reichenau am Anstiegsweg durch die „Eng".

Schneidergraben, Bl. 16, eine blau bezeichnete Anstiegsroute vom Schwabenhof, 1¼ Std. von Puchberg, auf den Ochsenboden beim Damböckhaus am Hochschneeberg. Sehr steil, viel Schutt und Geröll, ein richtiger Schinder, dessen 4–5stündige Begehung noch durch die schlechte Markierung erschwert ist. Trotzdem wegen einzigartiger Einblicke in die Wildnis des Schneebergmassivs erwähnenswert.

Schnellerwagsteig, Bl. 15, steile Anstiegsroute von der Singerin zur Hochfläche des Kuhschneebergs, 2 Std., blau, der weitere Übergang zur Sparbacherhütte bzw. zur Edelweißhütte erfordert 3–3½ Std.

Schober, 1213 m, Bl. 11, 16, kürzester Zugang von Puchberg am Schneeberg über Losenheim (bis dorthin Postauto ab Puchberg und Ternitz) 1½ Std., wesentlich länger von Gutenstein, 2¾ Std., vorerst zur Schoberkapelle, von wo in steilen Serpentinen 252 Höhenmeter zu bezwingen sind (¾ Std.) Lohnender „mitzunehmender" Gipfel beim Übergang Gutenstein-Puchberg am Schneeberg. Anschließend, nicht zu fehlen, teilweise am felsigen Grat und ober schmalen, ausgesetzten Rasenbändern verlaufend, der Übergang zum felsigen Öhler 1 Std. Abstieg zum Öhlersattel, dort das neue Schutzhaus des Touristenvereins „Die Naturfreunde" in ½ Std. Um die unangenehme Felskletterei zu vermeiden, kann man nach Überschreiten des Schobergipfels links vom Kamm absteigen, den Öhler nördlich umgehen und auf diese Art zum Öhler Schutzhaus gelangen. Auf dem Gipfel das neue Kreuz der „Naturfreunde".

Schoberhof, (Schoberalm), 729 m, Bl. 11, 16, südlich des Öhler am Weg von Puchberg am Schneeberg zur Mamauwiese. Lohnende Rundtour: Puchberg-Haltbergerhof-Öhlerhütte-Mamauwiese (mehrere Gaststätten)-Römerweg-Puchberg 4½ Std.

Schoberkapelle, 961 m, Bl. 11, 16, am Nordostende,der Mamauwiese steht unmittelbar bei dem zum Schober abzweigenden Steig diese Kapelle, von der man einen informtiven Ausblick gegen das Schneebergmassiv genießt. Sattelhöhe beim Übergang von der Sparbacherhütte bzw. Losenheim ins Längapiestingtal nach Gutenstein. Beginn der einzigartigen, zum Teil etwas ausgesetzten Kammbegehung Schober-Öhler-Dürre Wand.

Schönbrunnersteig, Bl. 15, 19, um ein Begehen des Ausganges des Großen Höllentales (Quellschutzgebiet der Raxalpe) zu vermeiden, wurde 7 Min. hinter dem Weichtalhaus ein Verbindungsweg angelegt, gelb, der erst nach ca. 20 Min. zur Talsohle führt und damit den Zugang zu den versicherten und schwierigen Anstiegen vermittelt. Den Namen trägt er von dem seinerzeitigen Wasserschutzreferenten der Gemeinde Wien. Vom ÖTK betreut.

Schottwien, 569 m, Bl. 20, 21, langgestreckter Markt im schmalen Göstritzgraben. In Schottwien beginnt die Steigung der Semmeringstraße nach Maria Schutz. Postauto ab Gloggnitz. Blau markierter Weg am Berghang östlich zur Schanzkapelle-Kummerbauer Stadl. Nach Maria Schutz auf Fußweg 40 Min.

Schrambach, 388 m, Bl. 1, Ausgangspunkt für eine Ersteigung des Hohensteins durch den Engleitengraben 3 Std., rot.

Schrattenstein, Ruine, Bl. 17, südlich von Grünbach am Schneeberg, nur noch Reste der 1072 erbauten Burg. Von Grünbach über Rosental und Schrattenbach 1¼ Std. Auch vom Himberg auf Höhenwegen über Strengberg-Gutenmann in 3½ Std. zu erreichen.

Schröckhenfuxkreuz, 1648 m, Bl. 19, in der Nähe der Holzknechthütte. Der Wiener Kaufmann Schröckhenfux wurde in den neunziger Jahren des 19. Jahrhunderts am Einstiege zur Preiner Schütt erfroren aufgefunden – sicher einer der ersten bergsteigerischen Unfälle auf der Raxalpe.

Schromenau, 408 m, Bl. 4, bei der Abspaltung des Steinwandgrabens (zur Steinwandklamm) vom Furthergraben. Gasthaus Hönigsberger.

Schüttersteig, Bl. 15, 19, gut bezeichneter, steiler Anstiegsweg, der im Naßbachtal 1½ km ober der Saurüsselbrücke beginnt (auf Steg über den Bach) und auf die Hochfläche des Scheibwaldes der Raxalpe führt. Bis zum Schütterjagdhaus 1¾ Std., weiter bis zum Kaisersteig auf der Hochfläche über die Zikafahnleralm 1½ Std., zum Habsburghaus noch 1 Std. Eine Neuanlage des Steiges ist in Aussicht genommen.

Schwarzau im Gebirge, 617 m, Bl. 10, 15, Naturpark, an der Schwarza in breitem Wiesengelände gelegen, ist mit dem Postauto von Payerbach-Reichenau durch das romantische Höllental erreichbar. Hausberg ist der 1467 m hohe Obersberg, sehr lohnend sind die östlich vom Ort gelegenen Berge, der Handlesberg und der Wildföhrenstein, deren Ersteigung auch in eine Rundtour einbezogen werden können. Um ihre mustergültige Erschließung hat sich die Alpine Gesellschaft Waldfreunde unter ihrem Vorstand Leopold Liedl (gest. 1972) große Verdienste erworben.

Schwarzwaldeck, 1073 m, Bl. 2, aussichtsreicher, lohnender Berg, Aufstieg von Salzerbad vorerst gelb, dann rot, 1½ Std., von St. Veit an der Gölsen 2½ Std. Am kürzesten und unbeschwerlichsten mit Pkw bis zur Ebenwaldhöhe (Straße von Kleinzell), dann rote u. blaue Markierung fast eben zum Schwarzwaldeck, ¾ Std.

Schwarzwaldeckhütte, 1073 m, Bl. 2, ehemalige Schutzhütte, dient heute als Kinderheim.

Schweighofer-Wirtshaus, ca. 600 m, Bl. 20, östlich von Payerbach an der Straße von Schlöglmühl über St. Christof, 3 km.

Sebastianwasserfall, Bl. 11, 16, ober Sonnleiten (Straße Puchberg am Schneeberg-Losenheim), 40 m hoher Wasserfall. Von Puchberg am Schneeberg 1½ Std., auch Postauto bis Hof, Sebastian-Wasserfall, von dort ¼ Std. Übergang auf alpinem Steig und auf üblichem Weg zur Mamauwiese 2 Std.

Semmering, Bl. 21, Bahnstation 895 m, Kirche 1021 m, Paßhöhe (Grenze Niederösterreich/ Steiermark) 984 m, weltberühmter, heilklimatischer Sommer- und Wintererholungsort ersten Ranges. Semmering hat aber nach dem Zweiten Weltkrieg die seinerzeitige Bedeutung nicht mehr erlangt, da durch die Motorisierung und die Nähe von Wien (1–1½ Auto- oder Bahnstunden) Nächtigung zum Wochenende nicht mehr in so ausgedehntem Maße erfolgen. In neuester Zeit scheint sich der Semmering wieder immer mehr zu beleben. Bekannt ist die Liechtenstein-Sprungschanze nahe der Paßhöhe. „Hausberg" ist der Sonnwendstein (schlechte Straße und Sessellift). Übergänge zum Pinkenkogel-Drahtekogel-Luckete Wand-Prein. Bergtouren auf den Eselstein und Sonnwendstein.

Semmeringbahn, Bl. 20, 21, die Bergstrecke beginnt in Gloggnitz und überwindet bis zum Scheitelpunkt im Tunnel unter der Paßhöhe 458 Höhenmeter. Es ist dem 1802 in Venedig geborenen Carl von Ghega zu danken, daß er nicht nur den Bau dieser einzigartigen Gebirgsbahn durchgesetzt, sondern auch in so genialer, selbst heutigen Forderungen standhaltender, Trassenführung gebaut hat. Am 17. Juli 1854 konnte der durchgehende Personenverkehr über den Semmering aufgenommen werden und es hat in den 141 Jahren wohl Sanierungen der 16 Viadukte und 15 Tunnel gegeben, doch hat sich an der Trassenführung nicht das Geringste geändert. Nach dem Zweiten Weltkrieg ergab sich die Notwendigkeit eines zweiten Paßtunnels (womit es nun eigentlich 16 Tunnel sind). Seit der Fertigstellung der Elektrifizierung am 31. Mai 1959 vermittelt eine Fahrt über den Semmering (Richtung Wien-Semmering links sitzen!) die landschaftlichen Schönheiten in uneingeschränktem Maße. Einen der eindrucksvollsten Blicke auf einen Großteil der Strecke gewinnt man vom Sonnwendstein und Eselstein.

In Kürze soll mit der Untertunnelung des Semmerings von Gloggnitz bis Mürzzuschlag begonnen werden, was eine Fahrzeitverkürzung von ½ Stunde bringen wird. Selbstverständlich sollen aber auch Züge über den Semmering geführt werden.

Semmering-Bahnwanderweg, Bl. 21, 20. Um die so vielseitigen Landschaftsszenerien entlang der Semmeringbahn besser kennen zu lernen, wurde ein eigener Bahnwanderweg geschaffen, der bei der Bahnstation Semmering seinen Anfang nimmt (dort in einem abgestellten Waggon eine eigene Informationsstelle) und der Trasse der Bahn möglichst folgt. Er gabelt sich beim unbesetzten Bahnhof Klamm-Schottwien, nördlich gelangt man nach Payerbach, östlich über Eichberg, wo die Bahn eine fast 180 Grad geänderte Richtung einschlägt, nach Gloggnitz. Insgesamt sind 4½ bzw. 5½ Stunden erforderlich, man wird den Weg im Abstieg begehen, Fotomotive werden die Zeit eher verlängern.

Sengenebenberg, 1104 m, Bl. 2, am Höhenweg von St. Veit an der Gölsen zur Ebenwaldhütte und zur Reisalpe. Von St. Veit an der Gölsen 2½ Std., weiter zum Ebenwaldhaus 1¼ Std. bzw. bis zum Reisalpenschutzhaus 2¾ Std. Schlecht bezeichneter Weg von Außerhalbachtal-Sengenebenberg-Wiesenbachtal.

Sieben Quellen, Bl. 18, 2 km ober Neuberg mündet der Karlgraben, in dem man nach 25 Min. zu den Sieben Quellen kommt, die für die 1. Wiener Hochquellenleitung gefaßt und deren Wasser in einem 9 km langen Stollen unter dem Massiv der Schneealpe ins Naßtal gebracht werden.

Siebenbrunngraben, Bl. 19, breites Becken durch die ober ihm sich erhebenden Wänden des Predigtstuhls auf der Raxalpe; der Kundige kann Begeher des Bismarcksteiges, der unter dem Predigtstuhl verläuft, wahrnehmen.

Sieding, 478 m, Bl. 17, Ort im Sierningtal an der Straße Ternitz-Puchberg am Schneeberg. Postauto. Güterstraße bis Gadenweith, dann Gahns-Güterweg.

Sierningtal, Bl. 17, Naturpark, Erholungsgebiet, sechs Rundwanderungen ab Ternitz und St. Johann. Informationszentrum Sieding-Stixenstein, dort auch kleine Speisen und Getränke von 14–20 Uhr Samstags, von 10–20 Uhr an Sonn- und Feiertagen.

Sierningtaler Hütte, 1179 m, Bl. 16, 20, Alpine Gesellschaft „Die Sierningtaler", Ternitz, auf dem Gahns.

Silbersberg, 672 m, Bl. 20, Ansiedlung nordöstlich von Schlöglmühl am Höhenweg von Gloggnitz nach Prigglitz.

Singerin-Gaststätte, 577 m, Bl. 15, Ende des Höllentales, Abzweigung der Straße nach Naßwald. Postauto ab Payerbach-Reichenau. Beginn des Schnellerwagsteiges auf den Kuhschneeberg 2 Std., blau bis zur Hochfläche bei der Stadelbodenalm, weiter bis zur Gabelung Steinlehgraben/Sparbacherhütte 1¼ Std.

Sonnleiten, 664 m, Bl. 11, 16, Ansiedlungen an der Straße Puchberg am Schneeberg-Losenheim (Postauto). Abzweigung von Wegen zum Schneebergdörfl ½ Std., zum Sebastianwasserfall ¼ Std. und zur Mamauwiese 1¼ Std.

Sonnleitstein, 1639 m, Bl. 15, markante, felsige Erhebung nordwestlich von Hinternaßwald. Neue Route durch den Oselgraben auf dem Franz Jonas Steig steil zum Kamm, dann links und später wieder rechts 3 Std., oder auf dem Forststräßchen des ehemaligen Kaisersteiges 3¼ Std., später gelb, als Rundtour zu empfehlen. Prächtige Fernsicht besonders zur gegenüberliegenden Raxalpe und zum Schneealpenstock.

Sonnwendstein, 1523 m, Bl. 21, die gesamte Semmeringlandschaft beherrschender Gipfel, der ohne Mühe von Maria Schutz mit dem erneuerten Berglift erreichbar ist, der 711 m Höhendifferenz überwindet (Bahn bis Gloggnitz, von dort Postauto nach Maria Schutz.). Auf den Sonnwendstein führt ab Semmeringpaßhöhe auch eine Autostraße, ihr Zustand ist jedoch schlecht. Zu Fuß ab Semmering, am Hirschenkogel vorbei, in Kehren oder auf dem Kamm des Dürriegels 2 Std., steiler Serpentinenweg ab Bärenwirt ober dem Myrtengraben. Auf dem Gipfel des Sonnwendstein Fernsehrelaisstation und Gedächniskirchlein, unmittelbar neben der Sesselliftbergstation die Polloreshütte. Vom Gipfel (wenige Minuten vom Sessellift, Ruhebänke) herrliche Fernsicht, besonders instruktiv zur Raxalpe und zum Schneeberg sowie zur Trasse der Semmeringbahn.

Sparbacherhütte, 1248 m, Bl. 11, 16, der gleichnamigen Alpinen Gesellschaft, am Faden, Schneeberggebiet, in unmittelbarer Nähe auch die Edelweißhütte des Alpenvereins. Zugang von Losenheim (7 km von Puchberg, Postauto), von dort Doppelsessellift bis zur Hütte, aber auch vom Klostertaler Gscheid. Beginn des Nördlichen Grafensteiges, der in ungefähr halber Höhe des Schneebergstockes bis zur Haltestelle Baumgartner der Schneeberg-Zahnradbahn führt, des Fadensteiges, der etwas Bergerfahrung verlangt und zum Kaiserstein leitet (Fischerhütte) sowie des unschwierigen Fadenweges (gelb), der zum Ferdinand-Fleischer-Gedenkstein und zur Kienthalerhütter die Verbindung herstellt.

Speckbacherhütte, 1089 m, Bl. 20, am Kamm des Kreuzberges, dessen höchster Punkt sich 1 km weiter östlich befindet und um 5 m niedriger ist. Pkw-Fahrer können über Orthof sowohl aus dem Preiner Tal als auch durch die Adlitzgräben und über Breitenstein bis zur Hütte fahren, die besonders gegen den Semmering zu instruktive Blicke freigibt. Im Sommer Postautobus.

Spital am Semmering, 778 m, Bl. 21, auf der steirischen Seite der Semmeringbahn gelegener Ort, der in der Entwicklung des Wintersports eine bedeutende Rolle spielt hat. Max Kleinoschegg, Graz, und Toni Schruf, Mürzzuschlag, unternahmen die ersten Schitouren (1891 Stuhleck). Bezeichnete Wege nördlich zum Bergkamm Drahtekogel-Semmering. Sessellift zum Hühnerkogel (Stuhleck).

Springlessteig, Bl. 12, 13, einer der meistbegangenen „Klettersteige", auf der Hohen Wand, in geringem Maße Schwindelfreiheit und Trittsicherheit erforderlich, einige Sicherungen und eine Leiter. Zugang von Oberhöflein (am kürzesten von der Bahnhaltestelle Unterhöflein), rot bezeichnet, Ausstieg unmittelbar beim Hubertushaus. Von der Bahn 1¾ Std. Will man vom Hubertushaus entlang der oberen Felswand Richtung Hohe-Wand-Straße bzw. Wandeck die Tour fortsetzen, siehe Hinweis wegen Querung des Leitergrabens. Er wurde 1994 saniert und neu markiert. Mehr als 150 Meter Stahlseile sind nun in Ordnung.

Staffhütte, 652 m, Bl. 2, unter der 786 m hohen Staffspitze, des Touristenvereins „Die Naturfreunde". Zugänglich (und sichtbar) von der Bahnstation St. Veit an der Gölsen in knapp 1 Std. Lohnend ist auch die Fortsetzung des Weges, vorerst um den Staffspitz, rot, dann blau zum Gehöft Hochreiter und ins Wiesenbachtal (Hasen-Wirtshaus), allenfalls weiter (Gegensteigung 1 Std.) nach Lilienfeld. Die Hütte ist von Ostern bis Ende Oktober an Sonn- und Feiertagen geöffnet. Keine Nächtigungsmöglichkeit, nur einfach bewirtschaftet.

Starhemberg, Ruine, 542 m, Bl. 9, 13, siehe bei Ruine Starhemberg. Anstieg von Oberpiesting 40 Min., von der Haltestelle Dreistetten 25 Min.

Steinapiestingtal, Bl. 7, langgestrecktes Tal, das von Gutenstein über den Sattel Haselrast, 778 m, eine Verbindung (Straße dritter Ordnung) nach Rohr im Gebirge vermittelt. Im Steinapiestingtal verläuft auch der meist begangene Anstieg auf den Unterberg; nach 4 Kilometern verläßt man das Tal in ca. 550 m Höhe, um vorerst noch auf einem Fahrweg, bald darauf aber auf einem Touristensteig in nördlicher Richtung anzusteigen (von Gutenstein-Bahnhof bis zum Unterbergschutzhaus an die 3½ Gehstunden, die Pkw-Fahrer um mehr als 1 Std. kürzen können).

Steinerne Stiege, 1505 m, Bl. 22, Steilstück am Anstieg vom Hallerhaus zum Niederwechsel.

Steinerner Stadl, Bl. 13, südlich von Wöllersdorf, am Höhenweg über den Mahleitenberg zum Finkenhaus, eine der bemerkenswerten Felsbildungen in diesem Gebiet.

Steinfelderhütte, ca. 800 m, Bl. 17, 20, von der Alpinen Gesellschaft „Die Steinfelder" gepachtet, auf dem Gahns; von Sieding über Thann 1½ Std., rot, von Vöstenhof 50 Min. Fahrstraße nur für Anrainer. Zur Bodenwiese 2¼ Std.

Steinhaus am Semmering, 825 m, Bl. 21, Sommerfrische und Wintersportplatz an der Westrampe der Semmeringbahn. Anstieg auf das Stuhleck, über das Hocheck, dann auf Höhenweg 3½ Std., auf den Sonnwendstein im Dürrgraben (Erzweg) über den Arzkogel 3¼ Std.

Steinleh Graben, Bl. 15, grün bezeichneter steiler Anstieg vom Höchbauer, 646 m, in der Vois auf den Kuhschneeberg, 900 m Höhendifferenz, 3 Std., von dort über die Sauböden 1¼ Std., zum Beginn des gelb bezeichneten Weges zur Sparbacherhütte bzw. zur Edelweißhütte 1½ Std.

Steinwandgraben, Bl. 4, langgestreckter Taleinschnitt von Schromenau als Fortsetzung des Further Tales Weissenbach an der Triesting, der nach 10 km zum Eingang der Steinwandklamm führt (Blatt 8). Autobusverkehr seit Jahren eingestellt.

Steinwandklamm, Bl. 8, enge wildromantische Schlucht, vom Österreichischen Touristenklub 1884 durch Anlage von Stegen, Treppen und Leitern zugänglich gemacht. Zwei verschiedene Anstiege, einer mit Leitern und Seilen (Rudolf Decker Steig, betreut von ÖTK), der andere ganz leicht. Dort auch das Türkenloch, eine Höhle mit zwei Ausgängen. Von Weissenbach an der Triesting Straße 14 km bis zur Klamm. Autobusverkehr seit Jahren eingestellt. Siehe auch bei Almesbrunnberg-Einkehr.

Steyersberger Schwaig, 1367 m, Bl. 22, Sommergaststätte nördlich des Arabichls am Bergkamm Hochwechsel-Kampstein. Direkter Zugang, auch Waldstraße, von Kirchberg am Wechsel 3 Std., von Trattenbach 2 Std., auf den Hochwechsel 2 Std.

Stickler-Gaststätte, 812 m, Bl. 12, 13, am Ende der Hohen-Wand-Straße. Bis hierher auch Autobusverkehr ab Wien, Unternehmung Partsch, Wr.Neustadt (02622/27420) an Sonn- und Feiertagen ganzjährig. Gegenwärtig geschlossen.

Stixenstein, Schloß, 514 m, Bl. 17, ein Kilometer nördlich von Sieding, an der Straße Ternitz-Puchberg am Schneeberg. Postauto. In der Nähe die Stixensteiner Quelle. Ursprung eines Teiles für die 1. Wiener Hochquellenleitung. Nach 2 km Richtung Puchberg am Schneeberg die Häusergruppe Stixenstein mit der Gaststätte Hinterbrühl. Unterhalb des Schlosses der Naturpark Sierningtal mit Jausenstation.

Stojerhöhe, 809 m, Bl. 20, am Anstiegsweg von Payerbach auf den Kreuzberg durch den Payerbacher Graben, dann rechts aufwärts.

Stollhof, 459 m, Bl. 13, einer der am Rande der Neuen Welt am Fuße der Hohen-Wand-Felsabstürze gelegenen Orte, die als Ausgangspunkt für Bergstiege in Betracht kommen. In Stollhof (zu erreichen am kürzesten von der Station Winzendorf der Schneebergbahn durch die Prossetschlucht und dann, gelb, über die Wiesenflächen in 1¼ Std., mit Pkw von der Anschlußstelle Wöllersdorf der Südautobahn über Bad Fischau) nimmt jedoch nicht gerade der lohnendste Weg auf die Hohe Wand seinen Anfang, da er zum Teil auf der Autostraße verläuft; bei der zweiten Verbindung, dem Leiterlsteig, handelt es sich um eine nicht ganz ungefährliche Route.

Straßenbahnerweg, Bl. 12, 13, er führt von Maiersdorf (kürzester Zugang von Urschendorf der Schneebergbahn, Autozufahrt Autobahn Anschlußstelle Wr. Neustadt-Weikersdorf am Steinfeld-Winzendorf) zum Hochkogelhaus auf der Hohen Wand. Grüne Markierung, vorerst mit den gelben Zeichen zum Leitergraben gemeinsam. Kaum ausgesetzt, Drahtseil, einige Holzstufen, praktisch für jeden trainierten Ausflügler gangbar, er wird von der Fachgruppe Wiener Verkehrsbetriebe der Naturfreunde instand gehalten. 1½ Std.

Strengberg, 740 m, Bl. 17, Erholungsheim der Wiener Verkehrsbetriebe, Straße von Puchberg am Schneeberg durch das Sierningtal, zu Fuß ab Himberg 1½ Std. Höhenweg nach Gutenmann und von dort Abstieg nach Grünbach am Schneeberg, Würflach oder ins Sierningtal.

Studentenkreuz, 1182 m, Bl. 22, 40 Min. westlich von Mönichkirchen am Wegkreuzpunkt zum Hallerhaus 1¼ Std., zur Vorauer Kuhschwaig 1½ Std. und nach Schaueregg 1 Std.

Stuhleck, 1782 m, Bl. 21, prächtiger Aussichtsgipfel auf dem waldlosen Kamm, der sowohl zur, als auch von der Pretul eine zweistündige aussichtsreiche Höhenwanderung ermöglicht. Zu erreichen am kürzesten vom Pfaffensattel,1¼ Std., oder von der Bergstation der Sesselbahn Hühnerkogel, 1310 m, deren Talstation Spital am Semmering ist. Zu Fuß am Semmering entweder durch den Kaltenbachgraben, am Karl-Lechner-Haus vorbei 3 Std., oder auf dem Höhenweg über das Hocheck 3¾ Std. Von der Bergstation der Sesselbahn 1½ Std. Auf dem Gipfel das Alois-Günther-Haus der Wiener Alpenvereinssektion Edelweiß, daß ganzjährig bewirtschaftet ist. Die Straße ab Pfaffensattel zum Alois-Günther-Haus ist für Kfz. gesperrt.

Stuppachgraben, Bl. 20, Taleinschnitt, in dem man von Gloggnitz nach Prigglitz fährt 5½ km.

Südbahnhotel, 995 m, Bl. 21, erstrangiges, auch vor dem Zweiten Weltkrieg fashionables Hotel mit 300 Zimmern, die den ehemaligen Grand-Hotel-Komfort aufweisen. Nach den Zerstörungen im Jahre 1945 wurde erst das Nebenhaus Waldhof in Appartement-Wohnungen umgebaut. Einziges Hotel am Semmering mit umfassenden Blick zur Raxalpe und zum Schneeberg. Derzeit ist das Südbahnhotel geschlossen.

Südlicher Grafensteig, Bl. 16, einer der „berühmtesten" Wanderwege im Schneeberggebiet, der (im Gegensatz zum Nördlichen Grafensteig) das südliche Massiv des Hochschneebergs umspannt. Er führt von der Haltestelle Baumgartner der Schneeberg-Zahnradbahn zur Kienthalerhütte, leitet über mehrere Riegel und quert auch einige Gräben. Obwohl die Höhenlage der beiden Endpunkte nur um 14 m differiert, sind immer wieder Gegensteigungen zu bewältigen. Man nimmt als Gehzeit 4 Std. an, doch werden besonders die so nah gegenüberliegenden Wände der Raxalpe zum Betrachten der einzigartigen Landschaftsbilder verleiten und Rasten „erzwingen". An heißen, sonnigen Tagen ist wegen der Kreuzottern Vorsicht am Platz und die Mitnahme sowie der Gebrauch eines Stockes empfehlenswert.

Tablerhöhle, Bl. 12, Kalkhöhle unweit des Bergkammes der Dürren Wand, von dem blaue Zeichen in 10 Min. zum Eingang führen. Eisbildungen bis zum Sommer. Von dort noch 10–12 Min. zur Gauermannhütte.

Talhof, ca. 1000 m, Bl. 21, am Ende der Fahrstraße Adlitzgraben-Kalte Rinne südlich vom Kaltenberg. Vom Gaiskirchl 1 Std., Straße.

Tasshof, 381 m, Bl. 4, Ortschaft, keine Haltestelle der Triestingtalbahn mehr. Auf dem Matrasweg auf das Hocheck 2 Std., erst gelb, dann rot. Pkw Südautobahn bis zur Anschlußstelle Leobersdorf, dann Triestingtaleinfahrt.

Tatscherhof-Gasthof, 941 m, Bl. 18, ober Kapellen am Anstiegsweg (gelb, Fahrsträßchen) zur Schneealpe.

Ternitz, 398 m, Bl. 17, industriereicher Ort. Ausgangspunkt für das Sierningtal (Postauto nach Puchberg am Schneeberg). Ausflug auf den Gfieder, 609 m, Aussichtswarte, 50 Min. Über Vöstenhof-Steinfelderhütte auf den Gahns zur Bodenwiese 4½ Std. oder zum Friedrich-Haller-Haus 5½–6 Std.

Ternitzer Hütte, 1219 m, Bl. 16, Haltestelle der Schneeberg-Zahnradbahn, 6 km von Puchberg. Zur Grassingerhütte ¼ Std.

Teufelsbadstube, Bl. 15, 19, zwar ausgezeichnet gesicherte Route, die vom Großen Höllental auf die Hochfläche der Raxalpe führt, die aber infolge der hohen Leitern und der Ausgesetztheit ausschließlich vollkommen schwindelfreien Personen vorbehalten ist. Der Steig beginnt ca.1 Std. nach dem Eingang des Großen Höllentales und leitet nach einem großen Bogen zum Wachthüttelkamm, der, abgesehen von der großen Steigung, allen Bergsteigern empfohlen werden kann. Vom ÖTK betreut.

Teufelsmühlstein, 464 m, Bl. 13, südlich von Wöllersdorf, am Höhenweg über den Mahleitenberg zum Finkenhaus, eine der bemerkenswerten Felsbildungen in diesem Gebiet.

Thalhof (ehem. Hotel) in Reichenau, Bl. 20, „Das Hotel meiner wunderschönen Kindheit" schrieb einst Peter Altenberg (1859–1919), der Meister der Gestaltung impressionistischer Skizzen auf eine Photographie, dieses nördlich von Reichenau, sehr nahe der Eng befindlichen Hotels, wo Literaten und Dichter, besonders Arthur Schnitzler, Ferientage verbrachten.

Thenneberg, 412 m, Bl. 4 Ortschaft im oberen Triestingtal, ½ Std. von Altenmarkt. Auf das Hocheck 2 Std., erst blau, dann rechts, rot. Straße nach St. Corona am Schöpfl.

Tirol, 844 m, Bl. 18, im Schneealpengebiet nördlich von Krampen. Straßenast vom Eisernen Törl Sträßchen. Von Krampen ¾ Std. Seinerzeit beliebter Ausflugsort von Mürzzuschlag. Wirtshaus Oberwallner längst geschlossen.

Törlweg, Bl. 19, eine der ältesten, schon vor Erbauung des Otto-Schutzhauses bestandene Verbindung von Hirschwang bzw. Edlach auf die Hochfläche der Raxalpe. Das richtige „Törl", ein natürlicher Felsbogen der Teufelslucke, kann man sowohl schon weit aus dem Tal, als auch vom Otto-Schutzhaus wahrnehmen. Anstiegsdauer an die 3 Std. Vor Eröffnung der Raxseilbahn meist begangener Weg; mit dem Übergang Predigtstuhl-Carl-Ludwig-Haus-Preiner Gscheid oder auch anschließender Talfahrt mit der Raxbahn vielfach ausgeführte Tour. Vom Törlweg erfreut man sich ständig weiter Ausblicke ins Reichenauer Tal sowie zum Kreuzberg und zu den Semmeringbergen.

Traisenbach-Rotte, Bl. 5, Ansiedlungen an der Straße (und später Fahrsträßchen) im Högerbachtal, in dem der rot bezeichnete Anstiegsweg auf den Türnitzer Höger führt.

Traisenbergsattel, Bl. 5, ca. 900 m, am Verbindungsweg Türnitz – St. Aegyd, zunächst der Forststraße bis zum Jagdhaus folgen und dann rechts, nur noch kurzer, steiler Anstieg, gut markiert. Übergang zur Zdarskyhütte, blau, ¾ Std.

Traisener Hütte, 1311 m, Bl. 1, 6, des Touristenvereins „Die Naturfreunde" auf der Kloster-Hinteralpe. Kürzester Zugang von der Bergstation des Bergliftes Muckenkogel 1 Std., Übergang zur Reisalpe über die Sternleiten und den Gscheidboden (sehr mühsam) 3½ Std., von Freiland im Traisental auf Bergsträßchen zur Lilienfelder Hütte 1¾ Std., von dort noch 1½ Std.

Trattenbach, 777 m, Bl. 21, 22, letzter Ort im gleichnamigen Tal, in dem die Straße von Gloggnitz bzw. Kirchberg am Wechsel auf den Feistritzsattel und nach Rettenegg führt. Anstieg im Trattenbachgraben zur Steyersberger Schwaig und auf den Hochwechsel. Postauto zum Feistritzsattel ab Wien Mitte im Sommer an Samstagen, Sonn- und Feiertagen.

Treibsteig, Bl.14, gut markierter prächtiger Anstieg zum Gippel, alle anderen Wege mit Ausnahme des vom Waldhüttsattel sind verboten. In den Herbstmonaten ist selbst hier mit Beschränkungen zu rechnen. Vom Bahnhof St. Aegyd am Neuwald 1½ Std. bis zum Gehöft Zögernitz, dann auf die Hochfläche 2½ Std.

Triebl, – ehem. Gaststätte, 763 m, Bl. 15, im Preintal bei der Gabelung der Wege zum Preinecksattel 2 Std. und zur Gscheidlhöhe 1¼ Std.

Trinksteinsattel, 1850 m, Bl. 19, siehe bei Raxgmoahütte.

Türkenloch, Bl. 8, siehe bei Steinwandklamm.

Turmstein, 1416 m, Bl. 16, markante Erhebung unmittelbar bei der Kienthalerhütte am Schneeberg. Obwohl Steigspuren zu ihm hinaufleiten, ist die Bewältigung der 36 m Höhe nur ausgesprochenen Felsgehern zu empfehlen, die Route über den Ostgrat ist schwierig. (Vom ÖTK betreut).

Türnitz, 466 m, Bl. 1, 5, im Tal der Türnitzer Traisen in freundlicher, lieblicher Umgebung gelegener Markt, der als Sommerfrische gerne aufgesucht, besonders aber im Winter von den Schifahrern Wiens und St. Pöltens als Wochenendziel gewählt wird. Während im Sommer vorzugsweise der nur 1185 m hohe Eisenstein (auf drei verschiedenen Wegen) auf den Tourenprogrammen aufscheint, wird der südöstlich gelegene Türnitzer Höger wegen der größeren Höhe (1372 m) schon seltener zum Sonntagsziel auserkoren. Im Winter stellt das 1002 m hohe Eibel den Hauptanziehungspunkt dar, um so mehr, als die Doppelsesselbahn Eibel 1½ mühsame Gehstunden ersparen läßt und so mehrere Abfahrten in einem Tag möglich sind. Zu allen Jahreszeiten (im Winter mit Schiern) wird der gut bezeichnete Höhenweg zum Tirolerkogel begangen: Eibelhaus (abgebrannt)-Karnerhofspitz-Annaberger Haus, Ab Eibelhaus 2½ Std. (auf dem Kartenblatt ist nur der Weg auf den Türnitzer Höger ersichtlich).

Türnitzer Höger, 1372 m, Bl. 5, äußerst lohnender Aussichtsberg, auf den von Türnitz zwei markierte Wege führen: der rot bezeichnete, beim Bahnhof beginnende leitet im Scharbachtal rasch zum Bergkamm empor, den man beim 885 m hohen Geyerstein betritt. Sodann auf luftigem, doch unschwierigem Gratweg bis zur Türnitzer Hütte der AV-Sektion Österreichischer Gebirgsverein, die auf dem höchsten Punkt des Türnitzer Högers steht, aber zumeist nur im Sommer und zu den Wochenenden beaufsichtigt ist. Da der Steig den Ausbuchtungen des Kammes folgt, ist mit einer Gehzeit von 3½–4 Std. zu rechnen. Aber auch die andere Variante ist nicht viel kürzer, wenn auch bequemer: man folgt vorerst der Türnitzer Traisen, biegt dann links ins Högerbachtal in die Traisenrotte ab und hat fast bis zur Kammhöhe (ca.1200 m) ein schönes Fahrsträßchen. Von dort spalten sich die Abstiegswege nach Furthof und Hohenberg ab, man kann aber auch den Übergang zur Paulmauer ausführen und gelangt, an der Zdarskyhütte (Naturfreunde) vorbei, nach St. Aegyd.

Türnitzer Hütte, 1372 m, Bl. 5, Bergunterkunft im alten Stil auf dem Gipfel des Türnitzer Högers der Alpenvereinssektion Österreichischer Gebirgsverein. Einst viel besucht, finden sich dort selbst zu den Wochenenden im Sommer nicht allzu viele Touristen ein, doch birgt eine Nächtigung (im Sommer zu den Wochenenden beaufsichtigt) bergglückliche Stunden, wenn das Wetter die weite Sicht am Abend oder am Morgen gestattet. Von Türnitz auf dem Gratweg über den Geyerstein oder dem Sträßchen durch Traisenbach-Rotte folgend (Pkw-Fahrer können ihren Wagen zumindest bis zum Hofbauer benützen) 3½ Std. und auch etwas mehr. Abstiege ins Tal der (Unrecht) Traisen nach Furthof oder Hohenberg 2¼ Std., Höhenweg zur Gschwendthütte 1¼ Std., zur Zdarskyhütte über die Paulmauer 3½ Std.

Ulm-Gasthof (Alpenland), ca. 800 m, Bl. 18, nördlich von Altenberg an der Rax am Anstieg zum Naßkamm, bis dorthin noch 1 Std. (Übergang Hinternaßwald).

Umschußriegel, 1720 m, Bl. 22, einer der wenig ausgeprägten Kuppen am Bergkamm, der sich vom Hochwechsel gegen den Arabichl erstreckt.

Unterberg, 1342 m, Bl. 7, einer der vielbesuchten Voralpengipfel im Bereich von Gutenstein, dessen Ersteigung vom Bahnhof Gutenstein hin und zurück an die 7 Std. erfordert, aber von einer herrlichen Fernsicht belohnt wird. Pkw-Fahrer sind im Vorteil, da sie nicht nur in den Ort Gutenstein, sondern auch im Steinapiestingtal 4 km weit bis zur Abzweigung des rot markierten Weges durch das Radersbachtal fahren können (Siehe auch bei Waldwirt). Für

Nichtmotorisierte gibt es insofern eine Erleichterung, als sie von Hainfeld mit dem Postauto im Gaupmannsgraben bis Adamstal gelangen und dann nur noch 2 Std. zu steigen haben, um bei dem ½ Std. unter dem Gipfel des Unterbergs erbauten Unterberghaus des Österreichischen Touristenklubs Speise, Trank und auch Quartier (als Zweitagetour zu empfehlen!) bekommen. – Weitere Anstiegsmöglichkeiten auf den Unterberg bestehen ab Rohr im Gebirge über Klauswirt 4 Std. sowie von Kleinzell durch das Gütenbachtal 5 Std. Noch kürzer ist aber der Anstieg von der Miralucke, 694 m, im Lamweggraben 1¾ Std., Busverkehr ab Pernitz bis Miralucke 12 km und bis nahe dem Unterberghaus 18 km, jedoch nur zum Wochenende bei entsprechender Schneelage. Pkw-Fahrer nur bis zur Miralucke.

Unterberghaus, 1170 m, Bl. 7, gut bewirtschaftetes, 1886 errichtetes Schutzhaus des Österreichischen Touristenklubs, ½ Stunde unterhalb des Unterberggipfels. Anstiege usw. siehe bei Unterberg.

Unterer Herminensteig, Bl. 16, siehe bei Herminensteige.

Unternberg, ca. 820 m, Bl. 22, Haltestelle der Postautolinie Aspang-St. Corona am Wechsel, wo Anstiege auf dem Kampstein und nach St. Peter am Wechsel, 1¾ Std., beginnen. In der Nähe Talstation des Berglifts Kampstein.

Urschendorf, 347 m, Bl. 13, Haltestelle der Schneebergbahn und Ausgangsort für Wanderungen in die Fischauer Berge.

Vois, Bl. 10, 11, 15, im breiten Wiesengrund verstreut liegende Bauernhöfe, auch Gaststätte, östlich von Schwarzau im Gebirge. Zu erreichen von Gutenstein über das Klostertaler Gscheid. In der Vois beginnt der Anstiegsweg auf den Handlesberg, und es nehmen die Übergänge in die Pax-Rohr im Gebirge sowie über das Hintergscheid nach Gutenstein ihren Anfang.

Voismaut, 589 m, Bl. 15, bei der Gabelung der aus dem Schwarzatal kommende Straße nach Schwarzau im Gebirge bzw. zum Klostertaler Gscheid.

Völlerin, Bl. 12, 13, nicht schwieriger, meist durch Wald führender Anstieg von Maiersdorf, grün, bis zum Postl-Gasthof auf der Hohen Wand 1½ Std. Der von der Völlerin abzweigende Frauenluckensteig (beide vom ÖTK betreut) verlangt volle Schwindelfreiheit und kann als nicht leicht bezeichnet werden.

Vorauer Kuhschwaig, 1509 m, Bl. 22, Almgaststätte südlich des Niederwechsels am Anstiegsweg von der Festenburg.

Vorderbruck, 446 m, Bl. 8, 11, Dorf 2 km östlich von Gutenstein mit dem Bahnhof Gutenstein. Dort übersichtliche Markierungstafel besonders für das Gebiet um den Handlesberg und Vildföhrenstein.

Vordere Mandling, 925 m, Bl. 9, war bis vor dem Zweiten Weltkrieg durch die dort stehende Lindkoglerhütte ein viel besuchtes Ausflugsziel, das gehfreudige Touristen mit einem zusätzlichen Anstieg auf die Hohe Mandling vereinten. Kürzester Anstieg auf steilen Waldwegen von Öd und Peisching im Piestingtal.

Vöstenhof, 526 m, Bl. 17, Schloß, an der Straße von Pottschach auf den Gahns (Fahrerlaubnis nur bis Vöstenhof 4 km). Wege führen von Vöstenhof zur Bodenwiese 3½ Std., nach Ternitz 1½ Std. und nach Sieding ½ Std.

Wachthüttelkamm, Bl. 15, 19, die einzige und vielbegangene unschwierige Anstiegsroute (jedoch mit mehreren, dem Erdboden nahe angebrachten Leitern ausgestattet, daher anstrengend) ober der Loswand auf die Raxalpe. Aussichtsreicher Kammweg mit fesselndem Tiefblick. Abzweigung im Höllental nach der Einmündung des unscheinbaren Wachthüttelgrabens noch vor dem Einschnitt des Großen Höllentales. Die ersten paar Schritte auf dem Schönbrunnersteig, dann links steil bergauf blau und rot. Zahlreiche Loswandklettersteige, unter anderem die Teufelsbadstube, münden in den Wachthüttelkammweg ein. In 1253 m Höhe stand einst die Speckbacherhütte, die nach dem Ersten Weltkrieg aus Quellenschutzgründen abgetragen wurde. Vom Weichtalhaus zum Otto-Schutzhaus, 1081 m Steigung 3¼ Std. Der Wachthüttelkammsteig wurde 1990 vom Österreichischen Touristenklub zur Gänze instandgesetzt. Die Begehung der Leitern beansprucht ca. 1 Std.

Wagnersteig, Bl. 12, von Oberhöflein (kürzer von der Bahnhaltestelle Unterhöflein), gelb, unmittelbar zur Wilhelm-Eichert-Hütte auf der Hohen Wand, 2 Std. von der Bahn. Beim Wagnersteig kann man die Bezeichnung Klettersteig nicht mehr unter Gänsefüßchen stellen, er verlangt (verglichen mit dem Springlessteig) schon ein wesentlich höheres Maß an Trittsicherheit und, schon wegen der vielen Leitern, an Schwindelfreiheit. Auch ist er an mehreren Stellen sehr ausgesetzt.Vom ÖTK betreut.

Währingersteig, Bl. 13, diese neue Steiganlage der Bezirksgruppe Währing der „Naturfreunde" an der Hohen Wand befindet sich in den Felsen des Hirnflitzsteines und ist am besten von der Weide von Dreistetten zu erreichen. Der Steig verläuft seitlich der Einhornhöhle und stellt eine zur Gänze versicherte Kletterroute mit Leitern, Klammern und Seilen dar; obwohl die zu erklimmende Wandhöhe nur über 50 m beträgt, ist eine Begehung ausschließlich gewandten Felsgehern vorbehalten. Es handelt sich um die Führe des 1934 errichteten Toni Balzarek Steiges, der längst verfallen war.

Waidmannsfeld, 495 m, Bl. 8, 12, hoch gelegenes Dorf im Waidmannsbachtal, zu erreichen von der Haltestelle Miesenbach der Gutensteiner Bahn in ungefähr 1 Std. Ausgangspunkt für die Ersteigung des Großen Kitzberges sowie der Dürren Wand.

Waldburgangerhütte, 1182 m, Bl. 20, am Südrand der Bodenwiese auf dem Gahns (Schneeberggebiet) stehende private Schutzhütte, am kürzesten vom Dorf Werning, etwas östlich des Bahnhofs Payerbach-Reichenau auf rot und dann gelb markiertem Steig zu erreichen. Lohnender von Schneedörfl, nördlich des genannten Bahnhofs, ober dem Thalhof, entweder auf Forststräßchen oder auf gelb bezeichneter Route 2–2½ Std. Am Weg aussichtsreiche Felskanzel, die Rote Wand. Bequemer von Prigglitz (Postauto von Gloggnitz) über die Gahnsleiten 1¾ Std. Anstieg von der Haltestelle Baumgartner der Schneeberg-Zahnradbahn über die 3 km lange Bodenwiese.

Waldegg, 402 m, Bl. 9, 12, 13, älteste Niederlassung im Piestingtal. Landschaftlich malerische Umgebung, wozu die harzreichen Nadelwälder ebenso beitragen wie die grünen Laubwälder besonders um den Kressenberg, markierte Wege nehmen im nahen Ort Peisching ihren Anfang, sowohl zu den beiden Mandlingbergen wie zum Wandeck und über den Dürnberg auf die Hohe Wand. Das ober der Bahnstation mündende Dürnbachtal führt zum gleichnamigen Dorf und stellt den kürzesten Zugang zu dem überaus lohnenden, wenn auch nicht ganz leichten Felssteig Große Klause, ebenso zur Kleinen Klause, auf die Hohe Wand her. Pkw-Zufahrt auf der Autobahn bis zur Anschlußstelle Wöllersdorf, von dort westlich ins Piestingtal.

Waldegger Haus, 1000 m, Bl. 12, 13, privates Schutzhaus auf der Hochfläche der Hohen Wand ober dem Ausstieg der Kleinen Klause. Zugänge von Waldegg durch das Dürnbachtal 2¼ Std., auf dem Höhenweg über den Dürnberg 2½ Std., vom Ende der Hohen-Wand-Bergstraße 1 Std. Pkw-Fahrer begeben sich bis direkt zum Haus.

Waldfreundehütte, 1467 m, Bl. 10, 15, der Alpinen Gesellschaft „Waldfreunde" auf dem Gipfel des Obersberges, siehe dortselbst.

Waldhütte, 472 m, Bl. 9, Gaststätte am Guglzipf, siehe dortselbst.

Waldhüttsattel, 1266 m, Bl.14, der einerseits den Göller vom Gippel trennt und andererseits den höchsten Punkt der Überschreitung von Kernhof nach Lahnsattel bildet. Von Kernhof 1¾ Std., von Lahnsattel 1½ Std., auf den Göller 2 Std., über die Hofalm zum Gippel 2½–3 Std.

Waldwirt, 527 m, Bl. 7, im Steinapiestingtal knapp vor der Abzweigung des rot markierten Weges zum Unterberghaus (noch 2 Std.).

Wanddörfl, Bl. 12, im Bereich des Plackles auf der Hohen Wand entstanden außer einigen Schutzhäusern auch zahlreiche private kleine Hütten, die von uns namentlich nicht angeführt werden. Von der Wilhelm-Eichert-Hütte 15 Min.

Wandeck, 828 m, Bl. 13, gegen das Piestingtal zu reichender nordöstlicher Rücken des 10 km langen Höhenzuges der Hohen Wand. Zu erreichen am raschesten von der Haltestelle Dreistetten oder der Station Oberpiesting der Gutensteiner Bahn; Pkw-Besitzer fahren bis in den Ort Dreistetten oder gelangen fast mühelos ans Ziel, wenn sie auf der Hohen-Wand-Bergstraße (Maut) bis zur Hochfläche fahren, von wo ein gelb bezeichneter Weg in ungefähr 35 Min. fast eben zum Hergottschnitzerhaus der gleichnamigen Alpinen Gesellschaft im Österreichischen Touristenverein führt, das am Wandeck steht und einen interessanten Ausblick zu den von dem Tal der Neuen Welt getrennten Fischauer Bergen vermittelt. Pkw-Fahrer können sich auf einem Sträßchen bis zum Hergottschnitzerhaus begeben.

Wasserfallwirt, ca. 800 m, unter dem Sebastian-Wasserfall westlich von Puchberg am Schneeberg. Postautohaltestelle Hof-Sebastian-Wasserfall, 4½ km von Puchberg.

Waxeneck, 796 m, Bl. 8, bewaldeter Höhenrücken, auf dem aus dem Triestingtal von Berndorf (blau) und Pottenstein (grün) gut bezeichnete Waldwege führen, die verhältnismäßig wenig Steigungen aufweisen. Übergänge zum Hohen Mandling, ins Piestingtal nach Ortmann, Miesenbach und Öd, sowie zur Hallourhöhle.

Waxeneckhaus, 785 m, Bl. 8, Schutzhaus des Touristenvereines „Die Naturfreunde" östlich der Sattelhöhe. Auf dem Hals, 662 m, dem kürzesten Zugang für Nichtmotorisierte (35 Min.) bei Verkehr der Sommer-Postlinie Wien-Gutenstein. Pkw-Besitzer können von der genannten Sattelhöhe mit ihrem Wagen bis zum Schutzhaus fahren. Von Ortmann im Piestingtal durch das Feichtenbachtal 2 Std., vom Gehöft Brunnhof 1 Std.

Waxriegel, 1806 m, Bl. 19, Höhe am Südostplateau der Raxalpe mit meist zerbenbewachsenem Grat, der sich zum Waxriegelhaus senkt.

Waxriegelhaus, 1361 m, Bl. 19, großes Schutzhaus des Touristenvereins „Die Naturfreunde", auf der Raxalpe im Siebenbrunnkessel unweit des Schlangenweges. Vom Preiner Gscheid 1 Std. In der Nähe beginnen der unschwierige, am Grat verlaufende, besonders aussichtsreiche Waxriegelsteig, dann zur Holzknechthütte führende Göbl-Kühn-Steig und die Route in die Griesleiten bei Prein.

Waxriegelsteig, Bl. 19, einer der schönsten und, da am Grat des Waxriegels verlaufend, aussichtsreichsten Wege auf die Raxalpe, der vom Waxriegelhaus der „Naturfreunde" (vom Preiner Gscheid 1 Std.) seinen Ausgang nimmt. Den etwas steilen Kehren am Anfang folgt ein genußreicher Anstieg auf dem Bergrücken zum Trinksteinboden, von wo das Carl-Ludwig-Haus und das Habsburghaus in 1–1½ Std. erreicht werden können. Waxriegelhaus Trinksteinsattel 1½ Std.

Weichtalhaus, 563 m, Bl. 16, 19, Naturfreundehaus Weichtal im Höllental zwischen Kaiserbrunn und der Singerin. Wichtiger Ausgangspunkt für die Höllentalanstiege auf die Raxalpe und die Weichtalkamm sowie den Ferdinand-Mayr-Weg auf den Schneeberg.

Weichtalklamm, Schneeberg, Bl. 16, sie weist nicht weniger als acht Felseinschnitte auf, von denen jeder Schönheiten entfaltet, wie man sie so bald anderswo nicht finden wird. Die Klamm zeigt sich nach dem verheerenden Unwetter am 24. August 1966 – man bezeichnete es als Naturkatastrophe – in echter Ursprünglichkeit. Durch 2 Stunden steigt man im wasserlosen Felsbett an, Sicherungen machen das Bezwingen einiger Felsen leicht, doch ist trotzdem Kraftanstrengung erforderlich, da man sich einige Male an Ketten ein bis zwei Meter emporziehen muß. Die Einschnitte sind oft nur 2½ m breit und von 50 m hohen Wänden flankiert. Man geht von der Postautohaltestelle Weichtalhaus im Höllental zum Naturfreundehaus vor, biegt rechts ein und strebt nach einigen Metern der Talsohle zu, in der man verbleibt. Nach Einmündung des Ferdinand-Mayr-Weges benötigt man zur Kienthalerhütte noch ½ Std., für die ganze Klammbegehung 2-3 Std. Vom ÖTK betreut.

Weissenbach an der Triesting, 362 m, Bl. 4, beliebter Ausgangsort für Ausflüge im Triestingtal. Kürzester (Bahn-)Zugang auf den Peilstein, besonders seinerzeit viel ausgeführter Tagesausflug Weissenbach-Peilstein-Eisernes Tor-Baden. Auch für den (langen) Zugang zur Steinwandklamm oft gewählter Ausgangspunkt. Schöne Wanderung nach Furth an der Triesting und auf Höhenwegen zur Sattelhöhe Auf den Hals.

Weißenbachtal, Bl. 5, 14, führt von St. Aegyd am Neuwald auf den Preinecksattel (Übergang zum Obersberg oder ins Preintal zum Walchbauer). Einzig erlaubter Zugang zum Gippel (Treibsteig), der beim Haus Zögernitz (vom Bahnhof St. Aegyd 1½ Std.) seinen Anfang nimmt. Prächtiger Anblick der Wände des Gippels und der Gippelmauer.

Werning, 562 m, Bl. 20, Dorf östlich vom Bahnhof Payerbach-Reichenau, durch das der rot (später gelb) bezeichnete Weg zur Waldburgangerhütte führt sowie der Übergang nach Prigglitz verläuft. Der Heinzelmännchen-Weg unmittelbar neben dem Bahnkörper, erspart bis zum und vom Bahnhof 20 Min.

Wetterkoglerhaus, 1743 m, Bl. 22, Alpenvereinsschutzhaus auf dem Gipfel des Hochwechsels, siehe dortselbst.

Wiener-Neustädter-Haus, 1035 m, Bl. 12, Alpin- und Heimatmuseum. Aufschlußreiches Museum für Bergsteiger, siehe in der Einleitung. Zu erreichen von Waldegg im Piestingtal auf Höhenwegen über Dürnberg-Waldegger Haus oder durch die Große oder Kleine Klause in 2½ Std., vom Ende der Hohen-Wand-Bergstraße in 1¼ Std. Mit Pkw kann man bis zum Haus fahren; in der Nähe Eingang zum Naturpark. Auch „Naturpark Stüberl".

Wiesenbachtal, Bl. 1, 2, über 10 km langes Tal, dessen Quellbäche im Schindelbach und im Moritzgraben unter dem Höhenzug Reisalpe-Hochstaff entspringen. Ein markierter Weg (gelb) führt von der Bahnhaltestelle Wiesenfeld-Schwarzenbach durch Außerwiesenbach und Innerwiesenbach bis auf den Bergkamm, von dem man auf Höhenwegen zum Ebenwaldhaus und zum Reisalpenschutzhaus gelangt (je 5 Std.)

Wildfährte, Bl. 19, diese versicherte Route auf die Raxalpe zählt zu den schönsten der Kahlmäuer-Durchstiege, ist aber nur vollkommen schwindelfreien Bergsteigern zu empfehlen. Von Hinternaßwald steigt man bis zu den Steilhängen an, bis nach Abspaltung des Kaisersteiges die Kletterstellen beginnen. Von Hinternaßwald (Postauto) bis auf die Hochfläche 3½ Std. Vom ÖTK betreut.

Wildföhrensteine, 1159 m, Bl. 10, Vorberge des Handlesberges, die man beim Anstieg sowohl aus der Pax als auch von der Vois berührt.

Wilhelm-Eichert-Hütte, 1052 m, Bl. 12, eines der ältesten Schutzhäuser auf der Hohen Wand, vom Österreichischen Touristenklub 1899 erbaut. Dort endet der viel begangene und gänzlich unschwierige Grafenbergweg (von Grünbach 1½ Std.). Da das Schutzhaus am Südrand der Hohen Wand steht, stellt es einen der wichtigsten und vielseitigsten Ausgangspunkte für Wanderungen und Überschreitungen dar, von denen die ins Piestingtal nach Waldegg oder über das Wandeck nach Oberpiesting oder Markt Piesting die ganze Hochfläche berühren (ca. 5 Std.). Wichtiger Hinweis: durch den tiefen Einschnitt des Leitergrabens bedingt, kann man von der Wilhelm-Eichert-Hütte nicht stets am Rande des Plateaus ober den Abstürzen verbleiben, falls man sich z. B. bis zum Wandeck begibt. Entweder (zwischen Hubertushaus und Hochkogelhaus) Talabstieg und Gegenanstieg, Zeitverlust 1 Std., oder weniger mühsam – über Kleinkanzelhaus-Gasthof Postl ohne wesentliche Höhenverluste.

Willendorf, 389 m, Bl. 12, 13, 17, Station der Schneebergbahn, von Hohen-Wand-Ersteigern einer der meist gewählten Ausgangspunkte, da von dort aus der Zugang zur Großen Kanzel und zur höchsten Erhebung, dem 1132 m hohen Plackles, erfolgt. Nichtmotorisierte ersparen ¼ Std. Zugangszeit, wenn sie die Bahn erst in der folgenden Haltestelle Unterhöflein verlassen; Pkw-Fahrer benützen ihr Fahrzeug bis Oberhöflein und gewinnen 40 Min.

Wimpassinger-Hütte, ca. 1200 m, Bl. 16, von der Haltestelle Ternitzer Hütte der Schneeberg-Zahnradbahn 5 Min.

Windberg, 1903 m, Bl. 18, höchste Erhebung im Schneealpenstock; vom Schneealpenhaus 50 Min., von der Michlbauer-Hütte 40 Min. Prächtige Fernsicht.

Winzendorf, 327 m, Bl. 13, Station der Schneebergbahn. Ausgangspunkt für Wanderungen in den Fischauer Bergen und durch die Prossetschlucht zum Talbecken Neue Welt, durch das man zu einer Reihe am Fuß der Hohen Wand gelegenen Dörfer gelangt, in deren Nähe zahlreiche Steige verschiedener Schwierigkeitsgrade und auch leicht begehbare Wege auf die Hochfläche ihren Anfang nehmen.

Wolfgang-Dirnbacher-Hütte, 1477 m, Bl. 19, ÖTK, nur Unterstand am Gaislochboden auf der Hochfläche der Raxalpe, wohin man direkt nach Begehung des Gaisloches gelangt. Dieser gelb und rot bezeichnete Weg findet in der Überquerung der Grünschacher Hochfläche zur Holzknechthütte seine Fortsetzung.

Wolfsbergkogel, 961 m, Bl. 21, Bahnhaltestelle, oberhalb das große Kurhotel (geschlossen). Der nahe gleichnamige Gipfel ist bewaldet und bietet keine Fernsicht.

Wöllersdorf, 315 m, Bl. 9, 13, am Eingang des Piestingtales gelegen, von der Anschlußstelle Wöllersdorf der Südautobahn 2 km. In der Nähe große Steinbrüche; der Wöllersdorfer
Sandstein wurde für verschiedene Prachtbauten Wiens, wie die Oper und die Votivkirche,
verwendet. Am Ostrand der Alpen gelegen, ist Wöllersdorf ein leider nicht allzuoft gewählter
Ausgangspunkt für Wanderungen, nördlich der Piesting zur Hochfläche Auf dem Hart und
nach Hernstein 2 Std., südlich in die Fischauer Berge, die man auf mehreren Wegen durchqueren kann und nach Bad Fischau, Winzendorf oder zu der der Hohen Wand vorgelagerten breiten Ebene Neue Welt gelangt.

Wopfing, 362 m, Bl. 9, 13, Haltestelle der Piestingtalbahn; von dort führt ein markierter Weg
auf die Vordere und Hohe Mandling, 2 bzw. 3 Std.

Würflach, 430 m, Bl. 17, 2 km südlich von Willendorf der Schneebergbahn. In erster Linie
Ausgangspunkt für die Begehung der Johannesbachklamm. Lohnend ist auch der Höhenweg
zum Roten Kreuz, gelb, von dort bis zum Himberg insgesamt 5 Std. oder zum Neunkirchner
Naturfreundehaus 2¼ Std.

Zdarskyhütte, 1082 m, Bl. 5, Unterkunft des Touristenvereins „Die Naturfreunde", Juli bis
August durchgehend (Montag Ruhetag), sonst an Wochenenden und Feiertagen bewirtschaftet, südlich der Paulmauer. Kürzester Anstieg, steil, von St. Aegyd am Neuwald
(Wancurasteig) in 1½ Std.; über die Paulmauer (¾ Std.) zur Gschwendthütte 2 Std., bis zum
Türnitzer Höger an die 4 Std. Übergang auch zum Traisenbergsattel, blau, ¾ Std.

Zdarskyruhe, Bl. 2, Aussichtspunkt in der Nähe des Gutes Haberreiter östlich von Marktl,
wo der Schipionier Matthias Zdarsky wohnte und seine letzte Ruhestätte fand. Von Marktl
¾ Std.

Zellersteig, Bl. 14, 15, blau markierte Verbindung von Lahnsattel-Ort, 922 m, neben der
Stillen Mürz auf die Gscheidlhöhe (bis dorthin Sträßchen), 1134 m, 3 Std., und dann ins
Preinbachtal zum ehem. Gasthof Triebl ¾ Std.; von dort nach Schwarzau im Gebirge 1¼ Std.,
rot, oder nach Naßwald 1½ Std., rot.

Zenz-Almgasthof, ca. 1200 m, Bl. 16, auf der Kaltwasserwiese am Schneeberg. Von Ostern
bis zum Wintereinbruch bewirtschaftet, Nächtigungsmöglichkeit auf Matratzenlagern. Kurzer
Zugang von den Haltestellen Ternitzer Hütte und Baumgartner der Schneeberg-
Zahnradbahn.

Ziehrerweg, ca. 450 m, Bl. 17, ungemein reizvoller Steig entlang des rechten Ufers des
Sierningbaches vom Gasthof Ödenhof, bis Hohenfall, wo man wieder zur Straße kommt. Der
Steig bietet Felsszenarien, wie man solchen selten begegnet, die sich jenseits des Tales
türmen. Blaue Markierung.

Zitherwirt, Bl. 13, unter der Ruine Starhemberg nordwestlich von Dreistetten.

Zweiersdorf, 508 m, Bl. 12, 13, prächtig gelegene Ansiedlung am Südende der Neuen Welt.
Zu erreichen am kürzesten von der Haltestelle Unterhöflein der Schneebergbahn, am besten
über Oberhöflein (rot, dann Straße rechts) in ¾ Std. In Zweiersdorf nimmt der grün markierter Weg zum Einschnitt des Leitergrabens seinen Anfang, man kann nach einem (unschwierigen) felsigen Stück entweder rechts zum Hochkogelhaus oder links zum Hubertushaus zur
Hochfläche ansteigen.

25 ausgewählte Ausflüge
für den Autofahrer

Speziell für den Autotouristen hat der Verlag 25 Tourenvorschläge ausgearbeitet. Diese Auswahl soll als Anregung dienen und zu weiteren eigenständigen Varianten inspirieren. Die überwiegende Zahl dieser Touren sind die am einfachsten durchzuführenden Rundwanderungen, die zum Ausgangspunkt zurückführen. Der Reiz bestimmter Übergänge wird aber auch den Autofahrern veranlassen, eine Wanderung an einem anderen Punkt als dem Ausgangspunkt zu beenden. Dann wird die Rückkehr zum Ausgangspunkt zum Problem. Solche Touren benötigen daher genauere Organisation und lassen sich auf verschiedenste Art und Weise durchführen.

Etwa mit Einbeziehung von öffentlichen Verkehrsmitteln (Zufahrt vom Autoparkplatz zum Tourenausgangspunkt bzw. Rückkehr vom Tourenendpunkt zum Autoparkplatz), wobei ein genaues Studium der Fahrpläne und der Einbau von Zeitreserven zu den Abfahrtszeiten der öffentlichen Verkehrsmittel unerläßlich sind, will man nicht unangenehme Überraschungen erleben.

Oder mit zwei Autos, die am Anfangs- und Endpunkt der Wanderung geparkt werden.

Oder mit Hilfe eines Bekannten, der an der Tour weniger Interesse hat und zum sowohl bereit ist, die Wanderer mit dem Auto zum Ausgangspunkt zu bringen, als auch vom vereinbarten Endpunkt abzuholen.

Als Zufahrtsroute zu den ausgewählten Touren ist jeweils die zweckmäßigste Straßenverbindung von Wien (Stadtmitte) aus angegeben.

1. Hohenstein 1195 m (Blatt 1)

Zufahrt: Wien-Westautobahn bis Abfahrt St. Pölten (63 km), weiter auf der Bundesstraße 20 über Lilienfeld bis Schrambach (27 km) = 90 km.
Gehzeiten: Schrambach (385 m)–Engleitensattel 2-2¼ Std.–Otto–Kandler–Haus (1195 m) 35 Min.–Engleitensattel 25 Min.–Am Himmel 1¼ Std.–Schrambach ¾ Std., insgesamt ca. 5 Stunden.

Die beschauliche Ruhe des Zögersbachtals und Engleitengrabens, eine prächtige Aussicht vom Hohenstein und eine reizvolle Höhenwanderung vom Engleitensattel zum Berggasthof Am Himmel sind die Hauptattraktionen dieser Wanderung.
Ausgangspunkt ist Schrambach im Traisental (385 m). Man fährt entlang der Traisen durch den Ort, übersetzt nach ca. 400 m rechts den Fluß und parkt am Eingang des Zögersbachtales.
Nun zu Fuß durch das enge Zögersbachtal (Weg 10), ohne wesentliche Steigung zu einer Lichtung, in der die Siedlung Niederhof liegt und von rechts der Kampergraben mündet. Unser Weg führt weiter über Oberhof, wo sich das Tal wieder verengt und der Engleitengraben beginnt. Durch dichten Wald weiter, bis am Ende des Grabens links bergan die eigentliche Steigung zum Engleitensattel (ca. 940 m) einsetzt. Vom Sattel ist es rechts (rote Mark.) nicht mehr weit zum Gipfel des Hohensteins und zum Otto-Kandler-Haus (1195 m), wo man einen weitreichenden Ausblick genießen kann. Das Schutzhaus ist nur im Sommer an den Wochenenden durch Vereinsmitglieder des ÖAV einfach bewirtschaftet.
Der Rückweg führt zum Engleitensattel zurück, dann weiter (grüne Mark.) auf einem herrlichen Höhenweg nördlich am wenig ausgeprägten Hochkogel und an der Roten Mauer vorbei zum Berggasthof Am Himmel (ca.800 m). Von hier nordöstlich (grüne Mark.) noch am Bergkamm zum Ratzeneck und bergab in vielen kleinen Kehren ins Zögersbachtal sowie schließlich talauswärts zum Ausgangspunkt zurück.

2. Türnitzer Höger 1372 m (Blatt 5)

Zufahrt: Wien-Westautobahn bis Abfahrt St. Pölten (63 km), dann auf Bundesstraße 20 im Traisental über Lilienfeld und Freiland bis Türnitz (34 km) = 97 km.
Gehzeiten: Türnitz (466 m)–Türnitzer Hütte (1372 m) 4 Std.–über Traisenbachrotte nach Türnitz 3½ Std., insgesamt 7½ Stunden.

Die zeitaufwendige Tour lohnt sich wegen der herrlichen Ausblicke vom Westgrat und Gipfel des Türnitzer Högers.
Der rot markierte Anstiegsweg (Weg 35) beginnt beim Bahnhof in Türnitz und führt auf einem Fahrweg taleinwärts zur Waldandacht sowie hinauf zum Geyerstein (885 m). Dort beginnt die unschwierige Begehung des Westgrates, in deren Verlauf sich prächtige Ausblicke ergeben. Auf dem Gipfel des Türnitzer Högers (1372 m) steht die nur zu den Wochenenden im Sommer beaufsichtigte Türnitzer Hütte, von der man dann noch ein Stück zu einem Sattel absteigt, wo rechts (Weg 34) zunächst ein Karrenweg, dann ein Fahrweg längs des Baches zur Traisenbachrotte und zur Unrecht-Traisen leitet. Schließlich auf der Zufahrtsstraße nach Türnitz und zum Ausgangspunkt zurück.

3. Paulmauer 1247 m und Gschwendthütte 1072 m (Blatt 5)

Zufahrt: Wien-Westautobahn bis Abfahrt St. Pölten (63 km), dann auf der Bundesstraße 20 über Lilienfeld nach Freiland (26 km) und auf der B 214 bzw. 21 nach Hohenberg (10 km) bzw. St. Aegyd am Neuwalde (weitere 7 km) = 99 km bzw. 106 km
Gehzeiten: St. Aegyd (588 m)–Zdarskyhütte (1082 m) 2 Std.–Paulmauer (1247 m) ¾ Std. (eventuell Abstieg auf der Forststraße nach St. Aegyd 1¾ Std.)–Gschwendthütte (1072 m) ¾ Std.–Hohenberg (488 m) 1¼ Std., insgesamt 4¾ Stunden.

Der Reiz dieser Wanderung liegt in erster Linie in der Begehung des aussichtsreichen Bergkammes zwischen Unrecht Traisen und Türnitzer Traisen bzw. deren Quellbächen. Die Tour kann mittels zwei Autos oder durch Zufahrt nach Hohenberg und anschließender Bahnfahrt nach St. Aegyd durchgeführt werden.
Von der Kirche St. Aegyd (588 m) nach Norden über die Straße und über die Unrecht Traisen. Auf rot markiertem Steig (Weg 33) in vielen Kehren durch Wald bergan zur Bürgeralpe, wo sich in bereits mehr als 1000 m Höhe ein schönes Panorama auftut (nicht auf das Schließen der Gattertore vergessen!). Bald ist dann auch die Zdarskyhütte der Naturfreunde

erreicht. Nach einem weiteren Wegabschnitt im Wald kommen wir wieder in offenes Gelände und sehen den Gipfel der Paulmauer bereits zum Greifen nahe. Über die Starkhöhe auf den Gipfel (1247 m), wo im Westen eine Wand steil abbricht (Vorsicht!). Die Tour könnte nun als Rundwanderung (zurück zum Sattel zwischen Pauimauer und Starkhöhe sowie links auf unmarkiertem Forstweg nach St. Aegyd) abgeschlossen werden.

Der Weitwanderweg zur Gschwendthütte verläuft wieder am Kamm und biegt dann auf der Grabneralm rechts zur Hütte (1072 m) ab. Der Abstieg durch das Steinparztal (Weg 21) bringt uns direkt nach Hohenberg, während Weg 22 über den Kienstein mehr als die angegebene Zeit beansprucht.

4. Muckenkogel 1248 m und Kloster-Hinteralpe 1311 m (Blatt 1)

Z u f a h r t : Wien–Westautobahn bis Abfahrt St. Pölten (63 km), dann auf der Bundesstraße 20 nach Lilienfeld (20 km) und noch knappe 3 km zum Parkplatz bei der Talstation des Sessellifts im Fallgraben = 86 km.
G e h z e i t e n : Sessellift-Bergstation (1122 m)–Traisener Hütte (1311 m) 1 Std.–Lilienfelder Hütte (956 m) 1¼ Std.–Sessellift-Talstation (460 m) ¾ Std., insgesamt 3 Stunden.

Der Berglift Muckenkogel erspart die Mühen eines Anstieges beinahe ganz, so daß die anschließende Höhenwanderung mit prächtigem Gebirgspanorama recht bequem bewältigt werden kann.

Nachdem wir mit dem Berglift die Bergstation (1122 m) erreicht haben, können wir bereits das prächtige Gebirgspanorama vor der Klosteralpe aus genießen. In ½ Std. gelangt man auf Weg 22 auf den Muckenkogel (1248). Der Übergang zur Kloster-Hinteralpe mit der Traisener Hütte (1311 m) der Naturfreunde erfolgt auf einem schönen Höhenweg (Mark. 22). Im Almgelände Abstieg zum Schwarzwaldriegel und auf Weg 21 zur Lilienfelder Hütte (956 m). Ab hier führt die gelbe Markierung in Richtung Nordosten über einen Rücken abwärts und kurz nach der Karlstein-Felskanzel treffen wir auf die blaue Markierung, die durch den Fallgraben (vorbei an zwei Wasserfällen) zum Ausgangspunkt weist.

5. Reisalpe 1399 m (Blätter 2 und 6)

Z u f a h r t : Wien–Westautobahn bis Abfahrt Altlengbach (39 km), über die Klammhöhe nach Hainfeld (23 km) und über Rainfeld nach Kleinzell (14 km), von dort Straße zur Ebenwaldhöhe (6 km) = 82 km. Oder Wien–Südautobahn bis zum Knoten Vösendorf und Wiener Außenringautobahn bis zur Abfahrt Alland (24 km), dann auf der Bundesstraße 11 ins Triestingtal und auf der B 18 über den Gerichtsberg nach Hainfeld (27 km), sowie weitere Anfahrtsroute wie oben = 71 km.
G e h z e i t e n : Ebenwaldhöhe (1020 m)–Kleinzeller Hinteralm 1 Std.–Reisalpe (1399 m) 1 Std.–Kleinzeller Hinteralm ¾ Std.–Ebenwaldhöhe 1 Std., insgesamt 3¾ Stunden.

Durch die Fahrstraße bis in über 1000 m Höhe wird der Anmarsch auf die Reisalpe wesentlich erleichtert. Die einzigartige Fernsicht von der Reisalpe, die an klaren Tagen bis zum Waldviertel und Toten Gebirge reicht, ist die Hauptattraktion dieser Wanderung.

Vom Parkplatz auf der Ebenwaldhöhe die rote Markierung links über die Hochfläche und den Nordwesthang des Hochstaff entlang. Nach kurzem, leichten Anstieg gelangen wir zu Kleinzeller Hinteralm. Nun die blaue Markierung entlang und über Wiesen, dann durch Wald immer steiler ansteigend auf die Hochfläche und zum Reisalpen-Schutzhaus (1399 m) mit imposanter Fernsicht. Für den Rückweg bietet sich als kürzeste Variante der Anmarschweg an.

6. Kieneck 1107 m (Blatt 3)

Z u f a h r t : Wien–Westautobahn bis zur Abfahrt Altlengbach (39 km), über die Klammhöhe nach Hainfeld (23 km), dort links nach Ramsau (5 km) und zum Forsthaus am Eingang des Marientals (4 km) = 71 km. Oder Wien–Südautobahn bis zum Knoten Vösendorf und Wiener Außenringautobahn bis zur Abfahrt Alland (24 km), dann auf der Bundesstraße 11 ins Triestingtal und auf der B 18 über den Gerichtsberg nach Hainfeld (27 km), sowie weitere Anfahrtsroute wie oben = 60 km.
G e h z e i t e n : Forsthaus an der Mündung des Marientals (506 m)–Bettelmannkreuz (952 m) 1¾ Std.–Kieneck (1107 m) ½ Std.–Feiglkogel (808 m) 2 Std.–Kölchberg ½ Std.– Ausgangspunkt 1¼ Std., insgesamt 6 Stunden.

Das Kieneck ist noch immer eines der beliebtesten Wochenendziele. Diese Tour ist für gute Geher, da die Begehung des Höhenweges etwas mühsam ist.

Vom Parkplatz nahe dem Forsthaus am Eingang des Marientals nach Südosten taleinwärts auf grün markiertem Fahrweg, der nach etwa ¾ Stunden nach links verlassen wird, um im Wald zum Bettelmannkreuz (952 m) anzusteigen, wo wir auf den Voralpen-Weitwanderweg 404 treffen. Auf ihm steigen wir rechts zum Kieneck mit der Enzianhütte (1107 m) an.

Bei der idyllischen Kapelle setzt sich der Weitwanderweg fort und leitet als Höhenweg vorbei am Raingupf ständig bergauf und bergab zum Feiglkogel (808 m). Weg 206 folgt dort links einem Kamm zum Kölchberg, wo er rechts zur Araburg abzweigt. Wir aber halten uns (rot) kurz nach Nordwesten, bis wiederum links die blau bezeichnete Route ins Mariental weist, der wir talaus bis zum Ausgangspunkt folgen.

7. Hocheck 1037 m (Blatt 4)

Zufahrt: Wien–Südautobahn bis zum Knoten Vösendorf und Wiener Außenringautobahn bis zur Abfahrt Alland (24 km), dann auf der Bundesstraße 11 ins Triestingtal und auf der B 18 bis Thenneberg (13 km) = 37 km.
Gehzeiten: Thenneberg-Dornau (412 m)–Hocheck (1037 m) 2¼ Std.–Altenmarkt an der Triesting (410 m) 1¾ Std.–Thenneberg-Dornau ½ Std., insgesamt 4½ Stunden.

Wie das Kieneck ist auch das Hocheck ein beliebtes Ausflugsziel, das über diese relativ kurze und reizvolle Route erreicht werden kann.

Von Thenneberg-Dornau weisen blaue Wegzeichen auf einem Fahrweg zunächst in Wiesengelände, dann aber durch Wald bergan, eine Kehre wird abgeschnitten, dann geht es gegen Osten, wir treffen auf den Weitwanderweg 404, und nach abermaliger Richtungsänderung vorbei am Wildenauer Brunnen bis links die Wegmarkierung vom Forstweg zum Kamm abbiegt, über den dann der Gipfel und das Schutzhaus (1037 m) erreicht werden.

Beim Abstieg folgen wir der Anstiegsroute, biegen aber, der Abwechslung halber mit dem Weitwanderweg über den Wieshofer Steig nach Altenmarkt an der Triesting ab und kehren von dort zum Ausgangspunkt in Thenneberg-Dornau zurück, ohne wesentlich mehr Zeit für den Abstieg als für den Anstieg gebraucht zu haben.

8. Auf dem Hals 662 m – Hohe Mandling 967 m – Waldegg 402 m (Blätter 8 und 9)

Zufahrt: a) Wien–Südautobahn bis zur Abfahrt Leobersdorf (36 km), dann die Bundesstraße 18 bis Pottenstein (10 km) und links über Grabenweg zum Sattel Auf dem Hals (10 km) = 56 km. b) Wien–Südautobahn bis zur Abfahrt Wöllersdorf (45 km) und auf der Bundesstraße 21 bis Peisching bei Waldegg (12 km) = 57 km.
Gehzeiten: Auf dem Hals (662 m)–Waxeneckhaus (785 m) ½ Std.–Geyersattel ¾ Std.–Fozeben (755 m) ¾ Std.–Hohe Mandling (967 m) ½ Std.–Peisching (365 m) 2½ Std., insgesamt 5 Stunden.

Tourenanfang und -ende sind auf der Straße voneinander 13 km entfernt, sodaß zwei Autos für die Durchführung am günstigsten sind.

Vom Sattel Auf dem Hals (662 m) auf dem Weitwanderweg 201 zum Waxeneckhaus (785 m, Autozufahrt möglich) und in weitem Bogen am Heuschober vorbei zum Geyersattel und nach Fozeben (755 m) sowie zur Berndorfer Hütte auf der Hohen Mandling (967 m).

Nun auf Weg 201A (gleichzeitig, wie Weg 201, auch Niederösterreichischer Landesrundwanderweg) nach Osten über wenig ausgeprägte, bewaldete Höhen wie den Kleinen (712 m) und Großen (841 m) Rosenkogel. Ohne die häufigen anderweitigen Wegzeichen zu beachten, bleiben wir auf Weg 201A und steigen auf ihm nach Peisching ab.

9. Gscheid 970 m – Göller 1766 m – Kernhof 690 m (Blatt 14)

Zufahrt: Wien–Westautobahn bis zur Abfahrt St. Pölten (63 km), dann auf der Bundesstraße 20 über Lilienfeld nach Freiland (26 km) und auf der B 214 bzw. 21 durch Hohenberg und St. Aegyd am Neuwalde nach Kernhof (22 km) = 111 km bzw. weiter zum Gscheid (7 km) = 118 km.
Gehzeiten: Gscheid (970 m)–Göller (1766 m) 2½ Std.–Göllerhütte (1440 m) ¾ Std. –Kernhof (690 m) 1¼ Std., insgesamt 4½ Stunden.

Diese Tour kann mittels zwei Autos oder mit Einbeziehung des Postautobusses von Kernhof auf das Gscheid (nur zu Wochenenden im Sommer) durchgeführt werden. Die Fernsicht vom Göller ist die Hauptattraktion dieser Wanderung.

Von der Sattelhöhe am Gscheid (970 m) weisen die roten Zeichen links über einen Kamm nach Südosten und wir gewinnen rasch an Höhe. Schon vom wenige Schritte abseits liegenden Gipfel des Gsengers (1442 m) haben wir eine hervorragende Aussicht, die noch besser wird, wenn wir den Gipfel des Göllers (1766 m) erreicht haben, denn die Gratwanderung zum Kleinen Göller (1673 m) ist außerordentlich eindrucksvoll. Über die Göllerwiese gelangen wir anschließend zur Göllerhütte (1440 m) und weiter am Bergkamm zum Waldhüttsattel (1266 m). Hier folgen wir dem rot bezeichneten Weg links nach Kernhof hinunter.

10. Gösing 898 m (Blatt 17)

Zufahrt: Wien–Südautobahn bis zum Knoten Wiener Neustadt (53 km), dann die Bundesstraße 17 bis Neunkirchen (12 km) und über Mahresdorf nach Flatz (6 km) = 71 km.
Gehzeiten: Flatz (461 m)–Neunkirchner Haus (762 m) 1¼ Std.–Gösing (898 m) ¾ Std.–Flatz 1¾ Std., insgesamt 3¾ Stunden.

Der Gösing ist zwar ein gut ausgeprägter, aber gänzlich bewaldeter Gipfel. Der Anstieg von Flatz über die Flatzer Wand ist wahrscheinlich deshalb so beliebt, weil die Wand als Trainingsgelände für Bergsteiger ein Anziehungspunkt für Felsgeher ist.
Von Flatz etwa 1 km auf der Straße in Richtung Würflach bis links ein rot bezeichneter, aussichtsreicher Forstweg abzweigt, über den wir die Kammhöhe der Flatzer Wand erreichen. Ober der Flatzer Wand zum Neunkirchner Haus und über die Kranzstetten (722 m) wieder auf roter Wegbezeichnung auf den Gösing (898 m).
Abstieg über den Schönbühel und – weiter rot markiert – bis zur Wegteilung, wo links ein gelb bezeichneter Weg zurück nach Flatz weist.

11. Dürre Wand 1154 m (Blatt 12)

Zufahrt: Wien–Südautobahn bis zur Abfahrt Wöllersdorf (45 km), dann im Piestingtal auf der Bundesstraße 21 bis zur Bahnhaltestelle Miesenbach (16 km), dahinter links Zufahrt bis Balbersdorf (3 km) = 64 km.
Gehzeiten: Balbersdorf (450 m)–Frohnberg (550 m) ½ Std.–Gauermannhütte (1154 m) 1½ Std.–Gauermannhof (498 m) 1¼ Std.–Scheuchenstein (556 m) ¼ Std.–Balbersdorf ¾ Std., insgesamt 4¼ Stunden.

Diese Wanderung führt uns durch die Heimat des berühmten Alpenmalers Friedrich Gauermann.
Von Balbersdorf steigen wir nach den roten Zeichen nach Frohnberg hinauf und weiter über Ungerberg auf den Kamm, wo der Weitwanderweg 201 (auch Landesrundwanderweg) einmündet. Ihm folgen wir am ausgeprägten Kamm vorbei an der Tablerhöhle (kurzer Abstecher) zum Plattenstein mit der Gauermannhütte (1154 m).
Einige Schritte unter der Hütte weist links die Weitwanderwegvariante 201A auf dem Ochsenweg zum Haselbauer hinunter und auf einem Fahrweg des Haselbachtal auswärts zum Gauermannhof (498 m), wo der berühmte Maler lebte. Bald ist dann auf dem rot bezeichneten Fahrweg das Dorf Scheuchenstein (556 m) erreicht. Hier erblickte Gauermann 1807 das Licht der Welt und fand 1862 seine letzte Ruhestätte (bemerkenswertes Gauermann-Museum). Über eine Straßenkehre gelangen wir zum Miesenbach und folgen der Straße zum Ausgangspunkt in Balbersdorf.

12. Die Hohe Wand vom Dürnbachtal aus
Anstieg Stangelsteinweg, Abstieg Kleine Klause (nur für Geübte) (Blatt 12)

Zufahrt: Wien–Südautobahn bis zur Abfahrt Wöllersdorf (45 km), im Piestingtal weiter auf der Bundesstraße 21 nach Waldegg (13 km), dort links ins Dürnbachtal und Zufahrt bis zum ehem. Nazwirt (3 km) = 61 km.
Gehzeiten: ehem. Nazwirt (480 m)–Waldegger Hütte (1000 m) 1¾ Std.–Abstecher zum Kleinkanzelhaus (1065 m) und zurück 1½ Std.–ehem. Nazwirt 1¼ Std., insgesamt 4½ Stunden.

Wer die Hohe Wand nicht durch eine Auffahrt auf der Bergstraße befahren will, braucht bei dieser reinen Fußwanderung beim Aufstieg nur wenig mehr als 500 Höhenmeter bewältigen.

Vom ehem. Nazwirt im Dürnbachtal weisen die gelben Zeichen des Stangelsteinweges vorerst noch über Wiesen, dann aber im Wald bergan. Steile Partien werden in Serpentinen überwunden, die Felsszenerien und wiederholte Ausblicke machen den Anstieg abwechslungsreich. Wir stoßen schließlich auf den blau markierten Weg, der von der Großen Klause kommt und gelangen auf ihm zur aussichtsreich gelegenen Waldegger Hütte (1000 m). Es lohnt sich aber die Wanderung zum Wiener Neustädter Haus sowie zum Kleinkanzelhaus (1065 m) fortzusetzen und dabei ein Stück des Naturparks Hohe Wand kennenzulernen.

Nach der Rückkehr zur Waldegger Hütte folgen wir den grünen Zeichen zum Einschnitt der Kleinen Klause, die mäßige Schwierigkeiten aufweist, aber schöne Szenerien offenbart. Dann rechts auf rot markiertem Weg am Fuß der Hinteren Wand zum ehem. Nazwirt zurück.

13. Von Grünbach am Schneeberg auf die Hohe Wand 1132 m (Blatt 12)

Z u f a h r t: Wien–Südautobahn bis zur Abfahrt Wiener Neustadt (51 km), weiter auf der Bundesstraße 26 über Willendorf nach Grünbach am Schneeberg (18 km) = 69 km.
G e h z e i t e n: Grünbach–Wilhelm-Eichert-Hütte (1052 m) 1¾ Std.–Grünbacher Hütte (1060 m) 20 Min.–Rastkreuzsattel (868 m) 1 Std.–Grünbach am Schneeberg 1¼ Std., insgesamt 4¼ Stunden.

Von der Bahnhaltestelle Grünbach am Schneeberg am völlig unschwierigen, blau markierten Grafenbergweg zur Wilhelm-Eichert-Hütte 1052 m auf der Großen Kanzel, mit dem schönsten Aussichtspunkt der Hohen Wand. Hier befindet sich auch ein Kreuz zum Gedenken an den Erschließer der Hohen Wand, Dompropst Dr. Alois Wildenauer.

Auf blau markiertem Weg zum Wanddörfl und zur Grünbacher Hütte, nach der Hütte links in spitzem Winkel auf der roten Wegbezeichnung in Richtung Südwesten. Nach der Einmündung des Weges vom Plackles (Weg 201 A) gelangen wir südlich der Wandwiese zunächst ziemlich flach, dann steiler zum Rastkreuzsattel (868 m). Hier links auf rot markiertem Weg zum Gehöft Unter der Wand (689 m) hinab und zurück zum Ausgangspunkt in Grünbach am Schneeberg.

14. Schober 1213 m – Öhler 1183 m (Blatt 11)

Z u f a h r t: Wien–Südautobahn bis zur Abfahrt Wöllersdorf (45 km), weiter auf der Bundesstraße 21 durch das Piestingtal nach Gutenstein (29 km), dort links zum Natterbauer in Längapiesting (3 km) = 77 km.
G e h z e i t e n: Natterbauer (530 m)–Schoberkapelle (961 m) 1¾ Std.–Schober (1213 m), Öhler (1183 m), Öhler-Schutzhaus (1027 m) 2¼ Std.–Natterbauer 1½ Std., insgesamt 5 Stunden.

Vom Natterbauer (oder dem nahen Gasthof Brandstätterhof) auf der rot bezeichneten Fahrstraße bis zum Zinsensteiner (587 m), dort rechts nach der Wegbezeichnung zum Gobenzsattel (750 m) und über den Diebssteig zur Schoberkapelle (961 m). Ein steiler schmaler Serpentinenweg leitet sodann direkt auf den Schober (1213 m). Der Übergang zum Öhler, zum Teil auf spitzem Grat, kann Ungeübten möglicherweise einiges Unbehagen bereiten. Der Abstieg zum Öhler-Schutzhaus (1027 m) führt ebenfalls den Grat entlang.

Der blau bezeichnete Abstiegsweg zum Ausgangspunkt unserer Wanderung berührt den Bergbauernhof Öhlersimmerl und leitet schließlich durch das Wandbachtal.

15. Gahns 1352 m (Blatt 20)

Z u f a h r t: Wien–Südautobahn bis zum Knoten Seebenstein (64 km), weiter auf der Semmering-Schnellstraße bzw. der Bundesstraße 17 bis kurz vor Gloggnitz rechts die Straße nach Prigglitz abzweigt (21 km) = 85 km.
G e h z e i t e n: Prigglitz (635 m)–Gasteil (710 m) ½ Std.–Pottschacher Hütte (895 m) ¾ Std.–Waldburgangerhütte (1182 m) 1¾ Std.–Prigglitz 1½ Stunden. Insgesamt 4½ Std.

Der großteils bewaldete Gahns (höchster Punkt: Schwarzenberg 1352 m) ist eine der Hochflächen des Schneebergmassivs, die durch alte tektonische Bruchlinien voneinander getrennt sind.

Von Prigglitz (635 m) kürzt der unbezeichnete Weg die große Serpentine der Straße nach Gasteil (710 m) ab. Es folgt der rot markierte Anstieg durch Wald zur bewirtschafteten Pottschacher Hütte (895 m), ehe in bereits über 1000 m Höhe die Rote Wand umgangen wird. Weiter gemäß der roten Zeichen bis der Bergkamm erreicht ist, von dem die Gahnsleiten steil zur Schwarza abfällt. Südlich vom Schwarzenberg gelangen wir zum höchsten Punkt unserer Wanderung (gut 1300 m) und nähern uns anschließend dem Südrand der Bodenwiese, wo die Waldburgangerhütte (1182 m) steht. Von ihr braucht man nur ein kurzes Stück vorzugehen, um einen schönen Ausblick auf den Schneeberg zu haben.

Der bequemste Weg für den Rückmarsch nach Prigglitz führt uns zunächst auf dem schon einmal begangenen Bergkamm zurück bis zur Wegteilung, wo rechts Weg 834 hinunter zum Ausgangspunkt leitet.

16. Der Schneeberg 2076 m vom Höllental aus
Anstieg Weichtalkamm, Abstieg Ferdinand-Mayr-Weg (Blatt 16)

Zufahrt: Wien–Südautobahn bis zum Knoten Seebenstein (64 km), weiter auf der Semmering-Schnellstraße bzw. der Bundesstraße 17 bis Gloggnitz, sowie auf der B 27 über Reichenau an der Rax und Hirschwang zum Weichtalhaus (35 km) = 99 km.
Gehzeiten: Weichtalhaus (563 m)–Weichtalklamm, Kienthalerhütte (1380 m) 3 Std.– Fleischer-Gedenkstein (1528 m) und zurück 1 Std.–Ferdinand-Mayr-Weg, Weichtalhaus 2 Std. = 6 Stunden.

Obwohl diese Tour nicht zu den höchsten Punkten des Hochschneebergs führt, kann der Aufstieg durch die Weichtalklamm (näheres siehe Stichwortverzeichnis) als überaus lohnend bezeichnet werden, da man einer so romantischen und im Naturzustand belassenen Klamm im Raume des Wiener Ausflugsgebietes kaum woanders begegnen wird. In Anbetracht der Länge der Tour und der zu überwindenden Höhenunterschiede ist allerdings Ausdauer erforderlich.

Vom Weichtalhaus weist der rot bezeichnete Weg durch die Schlucht bergan, die Ausblicke sind begrenzt, ja die Schlucht so eng, daß an manchen Stellen die Felsen nur einen schmalen Streifen des Firmaments freilassen. Am oberen Ende der Klamm treffen wir auf den Niederösterreichischen Landesrundwanderweg (auch Weitwanderweg 801) und folgen ihm zur Kienthalerhütte (im Sommer an den Wochenenden bewirtschaftet). Lohnend auch der weitere Anstieg (gelbe Mark.) zum Fleischer-Gedenkstein (1528 m), wo man eine prächtige Aussicht u. a. zur welligen Hochfläche des Kuhschneebergs hat.

Zurück zur Kienthalerhütte und auf dem Ferdinand-Mayr-Weg (Weg 801) schließlich hinunter zum Weichtalhaus.

17. Der Kuhschneeberg 1545 m von der Vois aus (Blätter 15 und 16)

Zufahrt: Wien–Südautobahn bis zur Abfahrt Wöllersdorf (45 km), weiter auf der Bundesstraße 21 über Pernitz und Gutenstein zur Abzweigung der Straße über das Klostertaler Gscheid, die uns zum Wegscheidhof in der Vois bringt (44 km) = 89 km.
Gehzeiten: Wegscheidhof (710 m)–Sparbacherhütte (1248 m) 1¾ Std.–Saukogel (1545 m) 1¾ Std.–Steinlehgraben, Wegscheidhof 2 Std., insgesamt 5½ Stunden.

Wer den Schneeberg von einer eher einsamen Seite kennenlernen will, sollte diese Route ins Auge fassen.

Vom verfallenen Gehöft Wegscheidhof auf Weg 206 zur Trenkwiese und Putzenkapelle. Kurz nachdem wir den zweiten Bach nach der Kapelle gequert haben, biegt rechts Weg 231 im Zickzack zur Höhe des Fadens ab, wo die Sparbacher- und die Edelweißhütte stehen. Nun auf dem gelb markierten Fadenweg (nicht zu verwechseln mit dem Fadensteig, der auf den Kaiserstein führt) unter den Fadenwänden zum Almgatterl und weiter bis rechts die grüne Markierung in spitzem Winkel nach Nordwesten abbiegt und auf dem ausgedehnten Almgelände des Kuhschneebergs bequem über die Sauböden, nahe am Saukogel (1545 m, höchster Punkt des Kuhschneebergs) vorbei zu den steil abfallenden Felsen, durch die wir in den Steinlehgraben (steil und etwas mühsam) absteigen, sowie schließlich in die Vois, wo Weg 206 uns die Straße entlang zum Ausgangspunkt Wegscheidhof bringt.

18. Die Raxalpe 2007 m vom Preiner Gscheid aus (Blatt 19)

Zufahrt: Wien–Südautobahn bis zum Knoten Seebenstein (64 km), weiter auf der Semmering-Schnellstraße bzw. der Bundesstraße 17 bis Gloggnitz (18 km), auf der B 27 nach Reichenau an der Rax (8 km), dort links über Prein an der Rax auf das Preiner Gscheid (13 km) = 103 km.
Gehzeiten: Preiner Gscheid (1070 m)–Carl-Ludwig-Haus (1804 m) 2½ Std.–Heukuppe (2007 m) und zurück 1¼ Std.–Reißtalerhütte (1447 m) 1½ Std.–Preiner Gscheid 1 Std., insgesamt 6¼ Stunden.

Das Preiner Gscheid, bereits 1070 m hoch, ist ein günstiger Ausgangspunkt für die Ersteigung des höchsten Punktes der Raxalpe (Heukuppe, 2007 m).
Die kürzeste und bequemste Anstiegsroute ist der sogenannte Schlangenweg (Mark. 829), der ab der Siebenbrunnwiese (bis dorthin kürzen zahlreiche Abschneider den für Pkw gesperrten Fahrweg) unter dem Predigtstuhl zum Carl-Ludwig-Haus (1804 m) führt. Dann auf Weg 801 über einen Rücken auf die Heukuppe (2007 m).
Für den Abstieg bestehen mehrere Varianten, doch die einfachste und sicherste bleibt der Schlangenweg. Also zurück zum Carl-Ludwig-Haus und hinunter in den Siebenbrunngraben, dort aber rechts (rote Mark.) auf dem Kontrußsteig zur Reißtalerhütte (1447 m) und von dieser auf dem Reißtalersteig (gelbe Mark.) zum Preiner Gscheid zurück.

19. Die Raxalpe Ottohaus, 1644 m von Edlach an der Rax (Blatt 19)

Zufahrt: Wien–Südautobahn bis zum Knoten Seebenstein (64 km), weiter auf der Semmering-Schnellstraße bzw. der Bundesstraße 17 bis Gloggnitz (18 km, auf der B 27 nach Reichenau an der Rax (8 km), dort links nach Edlach an der Rax (3 km), wo rechts eine Fahrstraße zum Hotel Knappenhof (4 km) abzweigt = 97 km.
Gehzeiten: Hotel Knappenhof (768 m)–Gsolhirn (1547 m) 3 Std.–Ottohaus ¾ Std.–Törlweg, Hotel Knappenhof 2 Std., insgesamt 5¾ Stunden.

Für die „Sportlichen", die nicht die Seilbahn von Hirschwang benützen, ist diese Wanderung eine Variante mit zahlreichen schönen Ausblicken.
Vom Hotel Knappenhof auf rot bezeichnetem Weg bergan, bis rechts der blaue Weg (Gsolhirnsteig) durch schönen Wald zur Gsolwiese leitet, einer Sattelhöhe (rechts Sängerkogel, links Gsolhirn). Dann in Serpentinen zur Trasse der Raxseilbahn, unter der der Steig bis zur Vereinigung mit dem von der Brandschneide kommenden Weg (gelb) führt. Herrliche Blicke zum Massiv des Schneebergs und auf Hirschwang. An der Wegkreuzung links aufwärts zum Gsolhirn (Bergstation der Raxseilbahn, 1547 m). Dann auf breitem, nicht zu verfehlenden (rote Mark.) Weg zum Ottohaus (1644 m).
Beim Abstieg auf dem steilen (rote Mark.) Törlweg in Serpentinen mit schönen Ausblicken auf das Preiner Tal und die Südbahntrasse hinab zur verfallenen Kohlberghütte (1272 m) und durch Wald am Lammelbrünnl vorbei zum Hotel Knappenhof zurück.

20. Die Rax Ottohaus, 1644 m vom Höllental aus (Blatt 19)

Zufahrt: Wien–Südautobahn bis zum Knoten Seebenstein (64 km), weiter auf der Semmering-Schnellstraße bzw. der Bundesstraße 17 bis Gloggnitz, sowie auf der B 27 über Reichenau an der Rax und Hirschwang zum Weichtalhaus (35 km) = 99 km.
Gehzeiten: Weichtalhaus (563 m)–Gaislochsteig-Wolfgang-Dirnbacher-Hütte (1477 m) 2½ Std.–Ottohaus (1644 m) 1 Std.–Wachthüttelkamm, Weichtalhaus 2½ Std., insgesamt 6 Stunden.

Diese reizvolle, aber auch anstrengende Tour ist eigentlich nur Geübten zu empfehlen, da sowohl der Anstieg durch das Gaisloch, aber auch die Leitern am Wachthüttelkamm Trittsicherheit und Schwindelfreiheit erfordern.
Vom Weichtalhaus zur Höllentalbundesstraße, diese nach rechts bis links Weg 801 bzw. Weg 48 abzweigen. Wir wählen für den Anstieg Weg 48, der uns bis knapp unter die Teufelsbadstube leitet. Nun auf gelb bezeichnetem Weg weiter und steil in Serpentinen zum Gaisloch (1260 m) hinauf. Dann auf versichertem Steig (Trittsicherheit, Schwindelfreiheit!) bergan zum Gaislochboden und zur Wolfgang-Dirnbacher-Hütte (1477 m). Von dort auf blau markiertem Weg kurz ansteigend, dann fast eben über Almböden an der Höllental-Aussicht vorbei zum Praterstern (1623 m) und auf Weg 801 zum Ottohaus (1644 m).
Am Rückweg wieder zurück zum Praterstern und weiter auf Weg 801 mäßig bergab bis zum Ausstieg der versicherten Steige aus dem Großen Höllental. Nun über den Wachthüttelkamm, teilweise über Leitern (Trittsicherheit, Schwindelfreiheit!) hinunter zur Bundesstraße und zurück zum Weichtalhaus.

21. Überschreitung der Raxalpe (Blatt 19)

Z u f a h r t : Wien–Südautobahn bis zum Knoten Seebenstein (64 km), weiter auf der Semmering-Schnellstraße bzw. der Bundesstraße 17 bis Gloggnitz (18 km) und auf der B 27
nach Reichenau an der Rax (8 km). Dann a) weiter auf der B 27 zum Weichtalhaus
(9 km) = 99 km, b) links über Prein an der Rax auf das Preiner Gscheid (13 km) =
103 km.
G e h z e i t e n : Preiner Gscheid (1070 m)–Waxriegelhaus (1361 m) 1 Std.–Carl-Ludwig-Haus
(1804 m) 1½ Std.–Scheibwaldhöhe (1943 m) 1¾ Std.–Klobentörl (1631 m) ½ Std.–
Weichtalhaus (563 m) 2½ Std., insgesamt 7¼ Stunden.

Für diese Tour sind wiederum zwei Autos nötig (siehe Zufahrt). Die Länge der Wan-
derung erfordert Ausdauer. Zudem sind Trittsicherheit und Schwindelfreiheit nötig, um die
Versicherungen am Rudolfsteig sicher zu bewältigen. Andererseits ist die Überschreitung
der Raxalpe ein Erlebnis, da die Landschaftsbilder ständig wechseln und markante Felsszenerien, wie etwa die Lechnermauern, beeindrucken.
Vom Preiner Gscheid (1070 m) Anstieg auf Weg 801 A zum Waxriegelhaus (1361 m).
Weiter auf dem Schlangenweg (Mark. 829) zum Carl-Ludwig-Haus (1804 m) und von dort
Weg 801 zum Trinksteinsattel (1840 m). Dann auf grün bezeichnetem Weg über die Scheib-
waldhöhe (1943 m) zum Klobentörl (1631 m) und auf Weg 48 vorbei am Kloben bis links Weg
47, der Rudolfsteig, abzweigt. Auf ihm gibt es einige versicherte Stellen zu überwinden, die
Trittsicherheit und Schwindelfreiheit erfordern. Schließlich haben wir noch knapp zwei
Kilometer auf der Höllentalbundesstraße bis zum Weichtalhaus zurückzulegen.

22. Großer Sonnleitstein 1639 m (Blatt 15)

Z u f a h r t : Wien–Südautobahn bis zum Knoten Seebenstein (64 km), weiter auf der Semmering-Schnellstraße bzw. Bundesstraße 17 bis Gloggnitz (18 km) und auf der B 27 durch
das Höllental, wo 6 km nach dem Weichtalhaus links die Straße nach Naßwald und
Hinternaßwald abzweigt (30 km) = 112 km.
G e h z e i t e n : Hinternaßwald (711 m)–Großer Sonnleitstein (1639 m) 3 Std.–Jagdhaus
1 Std.–Hinternaßwald 1½ Std., insgesamt 5½ Stunden.

Gegenüber der bekannten und vielbesuchten Raxalpe liegt der Große Sonnleitstein, ein
Geheimtip mit herrlichem Panorama vom Gipfel.
Von Hinternaßwald benützen wir zunächst den Forstweg des Kaisersteigs (Weg 440) bis
rechts in einer Kehre der rot bezeichnete Franz-Jonas-Steig in den Oselgraben abzweigt
und in zahlreichen Kehren bergan leitet. Oberhalb der Felsen der Kudlmauer sind wir bald
auf einem Kamm, dann ein Stück fast eben und wieder an Höhe gewinnend zum Treffpunkt
mit dem gelb markierten Weg, der unserem Abstieg dienen wird. Hier rechts in Kürze zum
Gipfel mit herrlicher Aussicht auf Schneeberg und Rax.
Der Rückweg ist dann wohl etwas länger, doch nur in kurzen Abschnitten sehr steil. Die
oben angesprochene gelbe Markierung führt uns zu einem Jagdhaus (schöner Ausblick) und
auf Weg 440 (größtenteils Forstweg) kehren wir zum Ausgangspunkt in Hinternaßwald zurück.

23. Schneealpe 1903 m (Blatt 18)

Z u f a h r t : Wien–Südautobahn bis zum Knoten Seebenstein (64 km), weiter auf der Semme-
ring-Schnellstraße bzw. der Bundesstraße 17 bis Gloggnitz 618 m) und auf der B 27 nach
Reichenau an der Rax (8 km) sowie über das Preiner Gscheid und durch das Raxental
bis zur Einmündung des Altenbergerbachtales, dort nördlich nach Altenberg an der
Rax, wo wir beim Gasthaus Ulm parken (26 km) = 116 km.
G e h z e i t e n : Gasthof Ulm (840 m)–Naßkamm (1210 m) 1¼ Std.–Ameisbühelalm (1764 m)
1½ Std.–Schneealpenhaus (1782 m) 1¼ Std.–Windberg (1903 m) und zurück 1 Std.–
Altenberg 2 Std., insgesamt 7 Stunden.

Vom Gasthof Ulm führt uns Weg 442 taleinwärts und in zahlreichen Kehren hinauf zum
Naßkamm (1201 m), wo der Weitwanderweg 401 links hinauf zur Lurgbauerhütte (1764 m)
weist, die schon auf der Hochfläche des Schneealpenstocks liegt. Auf der Hochfläche und
am Weitwanderweg weiter zum hart am Felsabsturz gelegenen Schneealpenhaus (1782 m).
Die höchste Erhebung, der 1903 m hohe Windberg ist auf dem Weitwanderweg über die
Michlbauer-Hütte (1744 m) zu erreichen. Auch Mautstraße vom Mürztal bis auf das Kampl,
1568 m.

Zurück zur Michlbauer-Hütte und auf rot bezeichnetem Weg direkt zum Felsabbruch in den anfangs steilen Lohmgraben sowie auf Weg 446 hinunter zum Lurgbauer und zum Gasthaus Paier in Altenberg. Schließlich auf der Straße in Altenberg zurück zum Ausgangspunkt.

24. Hochwechsel 1743 m (Blatt 22)

Zufahrt: Wien–Südautobahn bis zur Abfahrt Edlitz (76 km), weiter auf der Bundesstraße 54 bis Aspang-Markt (9 km), dort rechts nach Mariensee abbiegen (11 km) = 96 km.
Gehzeiten: Mariensee (815 m)–Marienseer Schwaig (1478 m) 2 Std.–Hochwechsel (1743 m) 1 Std.–Niederwechsel (1669 m) 1 Std.–Steinerne Stiege (1505 m) ¾ Std.–Hallerhaus (1350 m) ½ Std.–Mönichkirchner Schwaig (1174 m) ½ Std.–Mariensee 1 Std., insgesamt 6¾ Stunden.

Der Genuß einer aussichtsreichen zweistündigen Kammwanderung ist wohl der Hauptgrund für die Auswahl dieser Wanderung.
Zufahrt in Mariensee bis links ca. 700 m nach der Kirche der rot bezeichnete Weg einmündet, auf dem wir die Tour beenden werden. Dann auf Weg 51 zunächst die Fahrstraße taleinwärts und links bergan, mehrere Forststraßen querend zur Marienseer Schwaig (1478 m). Weiter über Almwiesen auf den Hochwechsel (1743 m) mit dem Wetterkoglerhaus. Nun in einer herrlichen Kammwanderung über eine große Wiesenhochfläche zum Niederwechsel (1669 m, Weg 907/902, Kriegerdenkmal) und hinunter zur Waldgrenze. Bald darauf gelangen wir zur Steinernen Stiege, einem kurzen, steilen Abstieg. Dann – vorbei an der Bergstation eines Schlepplifts – zum Hallerhaus (1350 m) hinunter und weiter durch Wald zur Mönichkirchner Schwaig (1174 m), wo links ein rot bezeichneter Wirtschaftsweg über den Gasthof Fernblick größtenteils durch Wald bis zum Siegerl führt. Dort biegt der bezeichnete Weg rechts zu unserem Ausgangspunkt in Mariensee ab.

25. Eselstein 974 m (Blatt 21)

Zufahrt: Wien–Südautobahn bis zum Knoten Seebenstein (64 km), weiter auf der Semmering-Schnellstraße vorbei an Gloggnitz und Schottwien bis zum Bärensattel (30 km) = 94 km.
Gehzeiten: Bärensattel (900 m)–Eselstein (974 m) 1 Std.–Bärensattel ¾ Std. (eventuell nach Schottwien 1½ Stunden), insgesamt 1¾ Stunden.

Diese Tour zeichnet sich durch gut markierte Wege, fast keine Steigungen, kurze Dauer und gute Fernsicht aus. Sie läßt sich, da kaum halbtägig, recht gut mit anderen Ausflügen im Semmeringgebiet – vielleicht zum Pinkenkogel oder auch zum Sonnwendstein (zumindest aber bis zum Hirschenkogel) – verbinden.
Vom Bärensattel bzw. Bärenwirt auf grün bezeichnetem, durch prächtigen Wald verlaufenden Weg an einer Aussichtskanzel vorbei. Ein kurzes Stück auf einer Forststraße, dann rechts, wo wir gleich bei den Felsen sind, die wir dank eines Eisengeländers bald geschafft haben. Herrliche Aussicht vom Schneeberg über die Rax und den Semmering bis zum Sonnwendstein, sogar das Alois-Günther-Haus auf dem Stuhleck lugt noch hervor.
Sollte man für den Abstieg nicht die Anstiegsroute wählen, sondern den gelb markierten Weg nach Schottwien, müßte man sich um eine Fahrgelegenheit zum Bärenwirten bemühen, wo unser Auto geparkt ist.

freytag & berndt
WANDERKARTEN
1:50 000

farbige Wegmarkierungen,
alpinistisch-touristische Informationen,
Ortsverzeichnis, Schutzhütten, Ausflugsgasthäuser,
Kultur, Sehenswürdigkeiten
Karten mit Radwanderrouten sind unterstrichen.

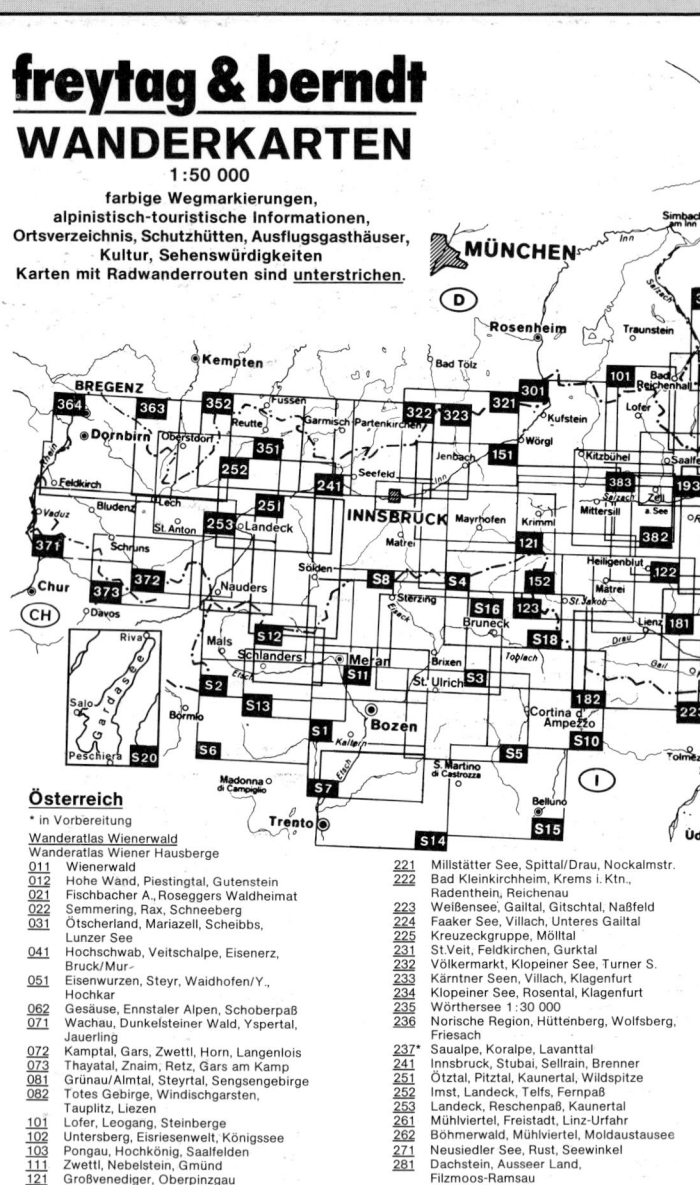

Österreich

* in Vorbereitung